पुरुषोत्तम परशुराम

पुरुषोत्तम परशुराम

(नाट्य प्रस्तुति)

पं. विजयशंकर मेहता

प्रभात प्रकाशन, दिल्ली
ISO 9001:2008 प्रकाशक

प्रकाशक • **प्रभात प्रकाशन**
4/19 आसफ अली रोड,
नई दिल्ली-110002

संस्करण • 2019
मूल्य • दो सौ रुपए
मुद्रक • नरुला प्रिंटर्स, दिल्ली

PURUSHOTTAM PARASHURAM
by Pt. Vijay Shankar Mehta ₹ 200.00
Published by Prabhat Prakashan, 4/19 Asaf Ali Road, New Delhi-2
e-mail: prabhatbooks@gmail.com ISBN 978-93-5186-827-9

॥ ॐ गंगणपतये नमः ॥

पुरुषोत्तम परशुराम

पृथ्वी पर जब-जब अधर्म ने अपना अधिक प्रभाव दिखाया, तब-तब कुछ दिव्यात्माओं ने अपनी लीला दिखाई। भगवान् विष्णु के दस अवतारों में से एक भगवान् परशुराम को भी जाना जाता है। वे महर्षि जमदग्नि और रेणुका के पुत्र थे। राजा कार्तवीर्य, जिसे सहस्त्रार्जुन भी कहा गया है, ने एक बार जमदग्निजी के आश्रम पर आक्रमण करके कामधेनु गाय का अपहरण किया। परशुरामजी ने सहस्त्रार्जुन से युद्ध किया और दंड स्वरूप उसका वध कर दिया। सहस्त्रार्जुन के पुत्रों ने परशुरामजी की अनुपस्थिति में आश्रम पर आक्रमण कर उनके पिता जमदग्निजी का वध कर दिया था।

सत्ता पर बैठे हुए राजा जब अनियंत्रित हो जाएँ और अधर्म का आचरण करने लगें, तब ऋषिपुत्र परशुराम शपथ लेते हैं। उन्होंने इक्कीस बार पृथ्वी को क्षत्रिय राजाओं से रहित करने की प्रतिज्ञा की थी। ऐसा उन्होंने कर भी दिया।

कुछ लोग इसे क्षत्रिय और ब्राह्मण जाति का संघर्ष मान लेते हैं। लेकिन परशुरामजी का कहना था कि मेरा विरोध उस सत्ता से है, जो अधर्म का आचरण करने लगी थी। राजा निरंकुश हो जाए तो विरोध करना ही पड़ेगा। यह संघर्ष जातिगत नहीं था। यह न्याय और अन्याय का युद्ध था। अनुचित लोगों को उचित दंड देकर परशुरामजी ने एक

नया इतिहास रचा था।

वे अष्ट चिरंजीवी में से एक हैं। आज भी जीवित हैं। सद्कार्यों में और सदाचरण से यदि उन्हें स्मरण किया जाए तो वे अपनी उपस्थिति की अनुभूति कराते हैं।

इस अवतार ने जनमानस में धर्म-न्याय, परिजनों की रक्षा, माता-पिता के प्रति आदर, समाज और राष्ट्र के प्रति कर्तव्य, बोध की स्थापना की थी। इनके जीवन-चरित्र में कुछ ऐसी घटनाएँ हैं, जिनसे विचारों का विरोधाभास भी झलकता है।

इस विराट् व्यक्तित्व पर यह नाटक इसीलिए तैयार किया जा रहा है कि उनके उद्देश्यों को हम आज भी अपने निजी, पारिवारिक और राष्ट्रीय जीवन में उतार सकें।

प्रयास यही किया गया है कि इनके चरित्र से संबंधित घटनाएँ शास्त्रों के आधार पर प्रामाणिक रहें। किंतु अलग-अलग शास्त्रों और साहित्य में घटनाओं के वर्णन में भिन्नता है। यह नाट्य साहित्य केवल शोध की दृष्टि से तैयार नहीं किया गया है। इसका उद्देश्य है, परशुरामजी के अद्भुत व्यक्तित्व को आज के हमारे जीवन से जोड़ना।

यह पूरी तरह से एक भाव अभिव्यक्ति है। अतः तथ्य दोष को क्षमा किया जाए। यदि इसकी प्रस्तुति में कोई वैष्णव अपराध होता है, तो विद्वज्जन, ब्रह्म समाज अन्यथा न लें और हमें क्षमा करें तथा आशीर्वाद दें कि हम भगवान् परशुरामजी को प्रेरक बनाकर आज की जीवनशैली से जोड़ सकें।

इसी भाव से इस नाट्य प्रस्तुति को स्वीकार करें।

—पं. विजयशंकर मेहता

जीवन प्रबंधन गुरु

मो. : 0734-2533648,

इ-मेल : humarehanuman@gmail.com

मकर सक्रांति-पौष शुक्ल 6

15 जनवरी, 2016, विक्रम संवत् 2072

उज्जैन

अनुक्रम

॥ ॐ गंगणपतये नमः ॥

पहला दृश्य

छह पात्र मंच पर नजर आते हैं—

क्षत्रिय नट-क्षत्रिय नटी, वैश्य नट-वैश्य नटी, ब्राह्मण नट, शूद्र नट

इस तरह दो जोड़े और दो व्यक्ति। एक स्थान पर इकट्ठे हैं। किसी गाँव में धर्मशाला में ठहरे हैं। अक्षय तृतीया की तिथि होने के कारण सामूहिक विवाहों की धूम है। चारों तरफ उत्साह का वातावरण है। कहीं-कहीं भगवान् परशुराम की जय के उद्घोष सुनाई दे रहे हैं।

आँगन में इन छह पात्रों में आपस में बातचीत होती है—

क्षत्रिय नट : *(अपनी पत्नी से)* आए तो हम विवाह समारोह में भाग लेने के लिए, लेकिन ऐसा लग रहा है, जैसे किसी पुराने युग में किसी राजा का उत्सव हो रहा हो। जिधर देखो, उधर भीड़ है। क्या ऐसा नहीं लगता कि जब भीड़ अधिक होती है तो वह अपना उद्देश्य खो देती है।

क्षत्रिय नटी : आप कहना क्या चाहते हैं? मुझे तो लगता है, जब-जब कोई भीड़ आपकी ओर ध्यान नहीं देती है, आप उसकी आलोचना करने लग जाते हैं। आप क्षत्रिय हैं न! अहंकार अपना महत्त्व दरशाना चाहता है। कहीं इसीलिए तो आप विचलित नहीं हैं?

क्षत्रिय नट : नहीं देवी, बात ऐसी नहीं है। मैं तो सिर्फ यह सोच रहा हूँ कि इस विशेष तिथि पर जब ऐसे आयोजन होते हैं, तो क्या हमें यह याद रहता है कि यह तिथि क्यों महान् है? इसके पीछे कौन सा अद्भुत व्यक्तित्व स्मरण किया जा रहा है? भीड़ के साथ यही दिक्कत है कि वह अपने उद्देश्य भूल जाती है।

ब्राह्मण नट : क्षमा चाहता हूँ, आप दंपती की वार्त्ता के बीच हस्तक्षेप का। मैं बताता हूँ। मैं एक ब्राह्मण हूँ और इसीलिए गर्व से कह सकता हूँ कि आज भगवान् परशुराम जयंती है। अक्षय तृतीया का पवित्र दिन है। उन्हीं को याद किया जा रहा है।

शूद्र नट : और मैं इस पूरे क्षेत्र की साफ-सफाई के लिए बुलाया गया हूँ। उत्सव, आयोजन, भीड़ अपने पीछे उद्देश्य छोड़े न छोड़े, गंदगी-कचरा, अव्यवस्था तो छोड़ ही जाती है। मैं उसे ही साफ करूँगा। समाज मुझे शूद्र कहता है। आप दोनों क्षत्रिय हैं (*क्षत्रिय नट-नटी को देखकर*) आप

ब्राह्मण देवता हैं (*ब्राह्मण नट को देखकर*)। चलिए, आपका परिचय भी जान लें। आप दोनों कौन हैं?

वैश्य नट : मैं एक व्यापारी हूँ। वैश्य हूँ। भीड़ मेरे लिए व्यवसाय का एक मौका होता है। उत्सव और त्योहार तो हमारी तिजोरी के लिए राजमार्ग जैसे हैं। दो पैसे कमाने आए हैं। साथ में मेरी पत्नी है। ये भगवान् परशुराम की बहुत भक्त हैं।

वैश्य नटी : मैंने बचपन में अपनी दादी के मुँह से भगवान् परशुरामजी की कथाएँ सुनी थीं। मेरे मन में अभी भी उन्हें लेकर कुछ प्रश्न बने हुए हैं।

वैश्य नट : तो चलो, आज हमारे पास समय भी है और संयोग भी। यहाँ ये ब्राह्मण देवता विराजे हैं। कुछ अपनी बात हम कह लेते हैं और कुछ इनसे समाधान प्राप्त कर लें।

(सभी लोग हाँ-हाँ कहते हैं)

क्षत्रिय नटी : वैश्य नटी—ठहरिए, पहले हम स्त्रियों की बात सुनी जाए।

क्षत्रिय नटी : यह बताइए, जब सीताजी के स्वयंवर में श्रीराम ने धनुष तोड़ दिया। वातावरण पूरा मंगलमय था, तब परशुरामजी ने प्रवेश किया था और बहुत क्रोधित हुए थे। सीताजी भी काँप गई थीं।

वैश्य नटी : सीताजी के पिता जनकराजजी को तो एक बार लगा था कि अब यह विवाह नहीं हो पाएगा।

बहुत गुस्से में थे परशुरामजी। (*ब्राह्मण को देखकर*) बताइए न! क्या ऐसे समय क्रोध करना उचित है?

ब्राह्मण नट : वे अकारण क्रोध नहीं कर रहे थे। वे क्षत्रिय राजाओं के अनुचित आचरण से असहमत थे। उन लोगों ने समाज में बहुत बड़ी समस्या पैदा कर दी थी। इसीलिए परशुरामजी ने इक्कीस बार धरती को क्षत्रिय विहीन किया था।

क्षत्रिय नटी : तो क्या पृथ्वी से समस्या समाप्त हो गई थी। मुझे तो लगता है, समाज की समस्याओं का समाधान करते-करते परशुरामजी स्वयं एक समस्या बन गए थे।

वैश्य नटी : जहाँ तक मैंने सुना है, न्याय और दंड के नाम पर परशुरामजी इतने उग्र हो गए थे कि क्षमा जैसा शब्द ही उन्होंने समाप्त कर दिया था। तभी तो कहते हैं, परशुरामजी के बाद श्रीराम को आना पड़ा।

ब्राह्मण नट : देवियों, परशुराम चरित्र की यही विशेषता है कि जैसे वह दिखते हैं, उसके पीछे बहुत गहरा दर्शन होता है। उनकी हर क्रिया के पीछे एक महान् उद्‌देश्य था। आपने श्रीराम और सीताजी के स्वयंवर के दृश्य को याद किया है, तो चलिए, हम भी वहीं से याद करें।

□

दूसरा दृश्य

[जनक की राजसभा का दृश्य। श्रीराम धनुष तोड़ चुके थे और परशुरामजी का प्रवेश हो रहा था। उद्घोषणा सुनाई देती है।]

उद्घोषणा : संसार सुन ले और जान ले, राजाधिराज जनक की पुत्री, हमारी प्रिय राजकुमारी सीताजी के स्वयंवर में आए हुए देश-देश के अनेक राजा भी जिस धनुष को नहीं तोड़ पाए, उसे अयोध्या के राजकुमार महाराजा दशरथ पुत्र श्रीराम ने भंग कर दिया है।

उद्घोषणा : जय हो, जय हो…

उद्घोषणा : जनक दुलारी सीताजी ने वरमाला पहना दी है। हम सब इस मंगल योग के दृष्टा हैं। आनंद के इन क्षणों को निहार रहे हैं।

(चारों तरफ मंगल ध्वनि हो रही थी और उसी समय ऐसा लगा, जैसे पहाड़ टूट रहे हों, भूकंप आ गया हो— भगवान् परशुराम का प्रवेश होता

है। गौर शरीर, भस्म लगाई, विशाल भाल पर त्रिपुंड। कंधे पर विष्णु धनुष-कमान पर दो तरफा बाँधे। हाथ में पुराण प्रसिद्ध परशु।)

एक राजा : अरे, यह तो ऋषि परशुराम का प्रवेश हो गया। इनका यहाँ आना अवश्य ही या तो अनर्थ करेगा या फिर...

दूसरा राजा : ये वो महात्मा हैं, जिनका महात्मा होते हुए भी शस्त्र की तरफ आकर्षण है। इनका जीवन देखने से ऐसा लगता है कि इन्होंने मान लिया है—शस्त्र के बिना समाज सुधार नहीं हो सकता।

तीसरा राजा : आज एक महामानव जनकजी के आयोजन में दूसरे महारथी परशुरामजी का आगमन, कैसा विरोधाभास है। जनकजी राजा हैं, शस्त्र धारण करनेवाले हैं, किंतु शास्त्र से ही राज चला रहे हैं। राजा होकर मुनि हैं और ये परशुरामजी मुनि हैं। शास्त्र की जगह शस्त्र से काम चला रहे हैं। मुनि होकर भी राजा जैसे कर्तव्य पाले हैं। प्रकृति भी कैसे-कैसे विरोधाभास दिखाती है!

जनक : मुनिवर, मेरा प्रणाम स्वीकार करें। हम सब धन्य हुए कि आप यहाँ पधारे। आप ज़हाँ-जहाँ उपस्थित होते हैं, वहाँ-वहाँ एक नया युग आरंभ हो जाता है। यह मेरी पुत्री जानकी है। आपको प्रणाम कर रही है। आशीर्वाद प्रदान करें।

परशुराम : सौभाग्यवती भवः।

(जनकजी ने सीताजी को प्रणाम करवाया।)

विश्वामित्र : राम-लखन, बेटे, प्रणाम करो।

(जैसे ही विश्वामित्र श्रीराम को देखते हैं, दोनों के बीच एक प्रकाश फैल जाता है। दो अवतार आमने-सामने खड़े हैं। दोनों कुछ बोलते नहीं। राम-लक्ष्मण प्रणाम करते हैं और परशुराम मुड़कर जनक से पूछते हैं।)

परशुराम : *(जनक से)* जनक, इतनी भीड़ क्यों है? किससे पूछकर तूने इतने क्षत्रियों को एकत्र किया है। तुझे मालूम नहीं, धरती के किसी छोर पर क्षत्रियों को एकत्र करना हो तो परशुराम की आज्ञा-स्वीकृति लेनी होती है।

जनक : महाराज, जानकी के भविष्य के निर्णय के लिए शिव धनुष यज्ञशाला में रखवाया था। प्रतिज्ञा थी, जो इसे भंग करेगा, सीता से उसका विवाह होगा। मेरी ऐसी प्रतिज्ञा पर ये सब लोग यहाँ एकत्र हुए हैं।

(धनुष टूटा देखकर)

परशुराम : रे जड़ जनक! शीघ्र बता, यह शिव धनुष किसने तोड़ा। यह मेरे गुरु का प्रत्यक्ष में अपमान है। इस सभा में से जिसने धनुष तोड़ा है, उसे बाहर निकालो। मैं उसका आज ही मस्तक धड़ से उतार दूँगा। तोड़ने वाले को सामने लाओ, अन्यथा सभी उपस्थित राजाओं को मार डालूँगा।

(राम धीरे से चलकर आगे आते हैं। परशुरामजी को प्रणाम करके बहुत ही शांत वाणी में बोलते हैं?)

राम : हे मुनिवर! मैं आपको नाथ स्वीकार करता हूँ। आप पूछ रहे हैं, धनुष किसने तोड़ा। मैं आपके सामने दास की तरह प्रस्तुत हूँ। महाराज, शिव धनुष और कोई तोड़ सकता है? वो तो कोई आपका सेवक ही होगा, जिसने इस धनुष को तोड़ा है।

परशुराम : राम···दास हो तो उसे दास जैसा ही काम करना चाहिए। यह तो दुश्मन का कार्य है। राम, कान खोलकर सुन लो, जिसने धनुष तोड़ा है, वह सहस्त्रबाहु से भी बड़ा मेरा शत्रु होगा। जब तक उसके गले पर परशु न चलाऊँ, मुझे संतोष नहीं होगा। यह स्पष्ट शत्रुता का कार्य है।

(लक्ष्मणजी को अच्छा नहीं लगा, वे बेचैन होने लगे।)

लक्ष्मण : *(विश्वामित्र से)* गुरुवर, इन दोनों की यह भेंट आपने ठीक नहीं करवाई। इन्हें तो मेरे सामने होना चाहिए। मुझे आदेश दें। मैं इन्हें उत्तर दूँगा।

(लक्ष्मण परशुराम के सामने आते हैं।)

लखन : महाराज, मेरी भी सुन लें। ऐसे छोटे-मोटे धनुष तो हमने बचपन में बहुत तोड़े हैं। कभी भी किसी ने इतना क्रोध तो नहीं किया। आज इतना क्रोध

क्यों? आपको धनुष से इतनी ममता क्यों? कोई धनुष तोड़े या जोड़े, साधु का उसके साथ क्या संबंध? साधु को ममता क्यों? आपको तो समता होनी चाहिए।

परशुराम : बालक…

लक्ष्मण : मेरी बात तो पूरी होने दें…आप अवश्य भृगुकुल के सूर्य होंगे, किंतु आपने रघुकुल के सूर्य के साथ ऊँची भाषा में वार्त्तालाप कर दिया। इस धनुष पर ममता न रखें, ममता अंतिम दुर्गुण है, महाराज।

परशुराम : ऐ क्षत्रिय बालक! बोलने से पहले विचार कर। सभी धनुष की समानता शिव धनुष से कर रहा है। ये तो भगवान् शंकर का पिनाक है। सारे संसार में इसकी ख्याति है। तूने पहले कोई कमान तोड़ी होगी। ये तो शिव धनुष है, तनिक सँभलकर बोल बालक।

लक्ष्मण : महाराज, हमें क्या पता। हमने यह सोचा था कि सभी धनुष एक जैसे होते होंगे।

परशुराम : अरे बोलने के पहले सँभल। यह भगवान् शंकर का विश्व विजित धनुष है, यह श्रेष्ठ है, महान् है। तनिक सोच!

लक्ष्मण : तो महाराज, आपके मुँह से ही न्याय हो गया।

परशुराम : क्या?

लक्ष्मण : आपने कहा, यह धनुष इतना बड़ा है। इतना

महान् है, तो महाराज तनिक आप भी सोचें। यदि धनुष इतना महान् है तो तोड़ने वाला कितना महान् होगा। और महाराज, ऐसा भी नहीं है कि धनुष हमारे तोड़ने में आया हो। हमने कोई विशेष प्रयास नहीं किया तोड़ने में। वह तो मैदान में पड़ा था, क्षत्रिय हैं हम, देखा, पास में गए कि नया है कि पुराना है यह, तो टूट गया। टूटने का शायद योग होगा आज।

परशुराम : यह बालक अपना मस्तक कटवाना चाहता है। भले ही मुझे बालहत्या का पाप लगे। इसे पता नहीं है कि मैं कौन हूँ? मैं क्षत्रिय कुलद्रोही हूँ। एक तो गुरु का अपमान किया और ऊपर से मेरे साथ कहा-सुनी करता है।

(बार-बार परशु उठाते हैं, पर उठता नहीं।)

लक्ष्मण : महाराज, मैं आपके शस्त्र को नहीं देखता।

परशुराम : तो? शस्त्र को नहीं देखता तो फिर क्या देख रहा है?

लक्ष्मण : प्रभु, आप बार-बार परशु उठाते, अतः आपने यह मान लिया है कि हम भयभीत हो जाएँगे। आपने अब तक परशु का उपयोग करके सबको डराया होगा। तो क्या हम भी भयग्रस्त हो जाएँगे। हम क्षत्रियों की संतान हैं, रघुवंशी हैं। आप चाहे जितने शस्त्र दिखाएँ, हम डरेंगे नहीं। आप अगर प्रहार करेंगे तो हम⋯कुछ नहीं करेंगे यह मत

समझना, क्योंकि आपके माथे पर तिलक और कंठ में जनेऊ है। अपने कुल की मर्यादा के अनुसार हम साधु, हरिजन, गाय, ब्राह्मण पर हथियार नहीं उठाते। अगर आपको वीरता प्रदर्शित करनी हो तो यह तिलक मिटा दें, गले से जनेऊ निकाल दें, फिर मेरा सामना करें। आपको पता लगेगा कि सुमित्रा के दूध में कितनी ताकत है।

परशुराम : इससे पूर्व आज तक किसी ने मेरे सामने ऐसी वाणी बोलने की धृष्टता नहीं की। मेरा स्वभाव नहीं है ऐसे प्रत्युत्तर के श्रवण का। यह बालक मरने के लायक है। मैं इसे छोड़ूँगा नहीं। क्षत्रिय स्वभाव से उद्दंड होते हैं, इनका ऐसा ही निर्णय हो, यही उचित रहेगा।

लक्ष्मण : महाराज, बार-बार क्षत्रियों को क्यों स्मरण करते हैं? क्या···

परशुराम : सुन रे बालक! मैं महर्षि जमदग्नि पुत्र जन्मजात क्षत्रिय विरोधी नहीं था। परिस्थितियों से जिस क्षत्रिय विरोध का क्रम आरंभ हुआ, बाद में वही मेरी प्रकृति बन गया। मेरे पिता जमदग्नि के आश्रम से सहस्रार्जुन, जो महारथी राजा रहा। एक दिवस कामधेनु को बलपूर्वक ले गया। इस असहनीय कृत्य का दंड मैंने उसे मृत्युलोक में पहुँचाकर ही दिया।

लक्ष्मण : किंतु महात्मन्, ऐसा दंड देकर आपने किस

समस्या का समाधान किया। एक अति को मिटाने में आपने दूसरी अति को जन्म दे दिया। स्वयं आपकी ब्राह्मण जाति भी आपके इस कठोर कर्म से सहमत नहीं रही होगी। आप अपनी क्रूरता के कारण आतंक के प्रतीक बन गए।

परशुराम : रे नृप बालक! मेरे समक्ष सिर उठाने का साहस आज भी किसी में नहीं है और इसीलिए विश्व में घटित घटनाओं के प्रति आज मैं उदासीन हूँ। किंतु आज ये···

लक्ष्मण : किंतु आज इस धनुष को टूटा देखकर आप इतने विचलित क्यों हैं?

परशुराम : शिव-पिनाक का अपमान मेरे गुरु का साक्षात् अपमान इस सब घटनाओं से परे है। यह अक्षम्य अपराध है, मेरी अनुपस्थिति···

लक्ष्मण : तो महाराज, आज आप अनुपस्थित क्यों रहे? जब सब राजा यहाँ उपस्थित थे तो आप भी क्यों नहीं पधार गए? सच तो यह है कि आपको लगा होगा कि इस धनुष को तोड़ना किसी के लिए भी संभव न होगा। आपके गुरु के गौरव में वृद्धि होगी। किंतु आज यह कल्पना धनुर्भंग के साथ ही खंडित हो गई और सबसे प्रथम बात तो यह है कि इस धनुर्भंग की ध्वनि में आपको क्षत्रिय जाति की चुनौती का स्वर सुनाई पड़ा और आप तत्काल जनकपुर आ गए···

परशुराम : रे नृप बालक! अब अति हो गई। आज तूने साक्षात् काल को निमंत्रण दे दिया। अब मैं तुझे जीवित नहीं रहने दूँगा, अब तेरा अंत···

(श्रीराम बीच में आ जाते हैं, लक्ष्मण को पीछे हटाते हैं।)

श्रीराम : महाराज, क्षमा करें, यह मेरा छोटा भाई है। संत जन बालकों के वचनों पर ध्यान नहीं देते। आप तो महापुरुष हैं देव, आपके शस्त्रों को देखकर इतनी बात उसने कह दी, केवल आपको महात्मा के रूप में देखता तो आपकी चरण धूलि अपने मस्तक पर लगाता। केवल शस्त्रों को देखा तो कुछ बोल गया महाराज, क्षत्रिय स्वभाव के अनुकूल। आप क्षमा करें···

परशुराम : नहीं राम, इसके मुँह में विष भरा हुआ है। मेरे जीवन में पहली बार एक बालक इतनी कहासुनी कर गया। राम, तू इतना धीर-गंभीर, विवेकी और यह तेरा इतना टेढ़ा-विकृत भाई, इसे अपने साथ क्यों रखा है। यह तेरा तनिक भी अनुसरण नहीं करता है। तेरी प्रतिष्ठा को यह तोड़ डालेगा।

लक्ष्मण : महाराज, आपने ठीक ही कहा, बड़े भैया नम्र और सरल हैं। मैं टेढ़ा और विकृत हूँ। आपके पग-पग पर चल रहा हूँ। महाराज, जैसे आप उग्र हैं, वैसे ही मैं भी उग्र हूँ। मैं आपका सेवक बनने लायक हूँ। श्रीराम नहीं, मैं आपका सेवक

हूँ। आप क्रोध का बोझ लेकर बैठे हैं, यह क्रोध मुझे दे दें। आप शांत बनिए, धीरज रखिए महाराज।

परशुराम : बस, अब तो मैं इस बालक को मार ही दूँगा। *(परशुराम बहुत रोष में आ गए। भगवान् को लगा, बात अधिक बढ़ गई)*

श्रीराम : महाराज, लक्ष्मण ने आपका कुछ नहीं बिगाड़ा है। मैं आपका अपराधी हूँ। मेरा मस्तक आपके सामने झुका हुआ है। आपके हाथ में परशु है, आप जो निर्णय करेंगे मुझे शिरोधार्य होगा। बस आपका क्रोध कम हो। एक बार आप ठीक से मेरे सामने देखें महाराज *(अपना सीना दिखाया)* महाराज, तनिक देखें, मेरे हृदय पर भृगु के चरण के चिह्न। आपके वंश के भृगु ने चरण का प्रहार किया, तो भी हमने उन्हें पूजा। हमारा और आपका युद्ध नहीं हो सकता। महाराज, हम रघुवंशी हैं। *(सीना देखा, शब्द सुने तो परशुराम महाराज के बुद्धि की पट खुले।)*

परशुराम : हे राम, आप इस धनुष को चढ़ा दें, तो मुझे पता लगे कि ब्रह्म का अवतार हो चुका। *(धनुष स्वयं चला गया)* मुझे क्षमा करें प्रभु···

गीत : परशुराम द्वारा श्रीराम की स्तुति की पंक्तियाँ संगीत के साथ।

(राम-लखन खड़े हैं। परशुरामजी स्तुति कर रहे

हैं। एक संत स्तुति करे, लखन को अच्छा नहीं लगा, नीचे देखने लगे।)

लखन : महाराज, आप क्षमा माँगें, वो ठीक नहीं। हमारे कुल के अनुकूल नहीं। हम आपसे क्षमा माँगते हैं।

(परशुराम चल पड़े, जा रहे हैं)

□

तीसरा दृश्य

[परशुराम अकेले जा रहे हैं और उन्हें अपनी ही बात सुनाई देती है। अब परशुराम के ही दो रूप आमने-सामने होंगे और एक-दूसरे से बात करेंगे। एक व्यक्तित्व परशुराम होगा और दूसरा अस्तित्व परशुराम। अस्तित्व परशुराम एक तरह से आत्मा का रूप होगा, जिसकी आवाज में भी गूँज होगी और व्यक्तित्व परशुराम के रूप में मूल पात्र रहेगा]

अस्तित्व : राम···राम···

व्यक्तित्व : कौन है···कौन पुकार रहा है?

अस्तित्व : मुझे नहीं पहचानते राम? याद करो, दादा-दादी, माँ-पिता, भाई, आश्रम के सब लोग और सारी प्रकृति तुम्हें राम कहकर पुकारती थी। एक परशु के बोझ ने तुम्हें राम से परशुराम बना दिया। कितने मोड़ आए, इस जीवन यात्रा में, तुम मुझे भूल गए···

व्यक्तित्व : ओह, तो आज मेरी अंतरात्मा मुझसे बात कर रही है। मैं स्वयं तुम्हें ढूँढ़ रहा था।

अस्तित्व : इस संसार से अत्याचार मिटाने के लिए तुम इतने

व्यस्त और सक्रिय हो गए कि भीतर के राम को भूल गया परशुराम।

व्यक्तित्व : बार-बार मेरे परशु पर क्यों दृष्टि गढ़ाते हो। इस शस्त्र ने मुझे धर्म की संस्थापना में बहुत सहयोग दिया। क्या शस्त्र चलाने का अधिकार क्षत्रियों को ही था? हम ब्राह्मणों को नहीं।

अस्तित्व : नहीं राम, आपातकाल में तो क्या क्षत्रिय, क्या ब्राह्मण, क्या वैश्य, क्या शूद्र, सभी शस्त्र चला सकते हैं, लेकिन शस्त्र ही व्यक्तित्व बन जाए, तब चिंता होती है।

व्यक्तित्व : मैंने शस्त्र अत्याचारी राजाओं के वध के लिए उठाया था। उन्होंने अति कर दी थी।

अस्तित्व : तो एक अति को मिटाने के लिए तुम दूसरी अति पर उतर आए। हम ब्राह्मण हैं, क्षमा के प्रभाव के ही कारण संसार हमें पूजता है। यही हमारी शोभा है। एक राजा को मारकर तुम ब्रह्म हत्या सा अपराध कर गए।

व्यक्तित्व : सहस्त्रार्जुन राजा नहीं, सिर्फ अत्याचारी था। किंतु उसके वध के बाद भी मैंने तीर्थयात्रा करके प्रायश्चित्त कर लिया था, लेकिन सहस्त्रार्जुन के पुत्रों ने अपने पिता की मृत्यु का बदला लेने के लिए पुनः अपराध किया। मेरी अनुपस्थिति में मेरे पिता जमदग्नि को यज्ञस्थल से खींचकर उनका वध किया। न्याय और दंड पर मेरी अटूट

आस्था थी, लेकिन किस सीमा तक अत्याचार सहा जाए?

अस्तित्व : तो तुम भी अत्याचार पर उतर आए।

व्यक्तित्व : विचार करो, न्याय और दंड का इससे बड़ा दुर्भाग्य क्या होगा कि राजा स्वयं अपराधी हो जाए। जिन्हें सुरक्षा देना चाहिए, वे ही लूट मचाने लगे। सहस्त्रार्जुन और उसके पुत्रों ने जो अपराध किया, अन्य क्षत्रिय राजाओं ने उसका मूक समर्थन किया था। मेरे लिए असहनीय था।

अस्तित्व : तुम्हारे कंधे पर रखे हुए इस परशु ने वह सब कर दिया, जिसकी तुमने प्रतीज्ञा ली थी, पर अब तो तुम मर्यादा पुरुषोत्तम रघुनंदन श्रीराम से मिलकर आ रहे हो। उनका आगमन हो चुका है और यह तुम्हारे प्रस्थान की घोषणा होनी चाहिए। क्या तुम्हें नहीं लगता, तुम्हारी लीला समेटने का समय आ गया।

व्यक्तित्व : हाँ, मुझे अनुभव हो रहा है। मैंने उचित किया हो या अनुचित। अब जो भी बचा रह गया है, उसे दशरथ-नंदन श्रीराम अवश्य पूरा करेंगे। जो भी मैंने श्रेष्ठ किया है, उसे वे अपनी लीला में अवश्य सराहेंगे और जो भूल हो गई होगी, उसे वे निश्चित ही दूर करेंगे। परशुराम से राम तक अब यही कथा संसार को याद रहेगी।

अस्तित्व : तो, जा रहे हो राम।

व्यक्तित्व : हाँ, एक अनंत एकांत की ओर जा रहा हूँ। मैंने क्षत्रियों का विनाश किया, वे नियंत्रित भी हो गए, लेकिन उसी समय राक्षस प्रभावी हो गए। ये क्षत्रिय से भी अधिक भयानक हैं।

अस्तित्व : तो फिर जनमानस को इन राक्षसों के भरोसे छोड़कर जा रहे हो?

व्यक्तित्व : नहीं, अब राम आ गए हैं। इसीलिए परशुराम जा रहा है।

□

चौथा दृश्य

(परशुराम चले जाते हैं और दृश्य नट-नटी पर आता है।)

क्षत्रिय नट : बस, यही तो अति कर दी थी परशुराम ने। इक्कीस बार क्षत्रियों का वध किया। त्राहि-त्राहि मच गई। न्याय के लिए वे खुद अन्याय करने लग गए थे।

ब्राह्मण नट : तो और क्या करते? जब राजा निरंकुश हो जाए, सत्ता भोगी हो जाए, तब किसी को तो आवाज़ उठानी ही पड़ेगी। धर्म बचाने के लिए शस्त्र उठाना अपराध नहीं है।

क्षत्रिय नट : लेकिन शस्त्रों का ऐसा भीषण उपयोग''' हर युद्ध करनेवाला अपने पक्ष में ऐसा ही तर्क देता है। सत्ता भ्रष्ट हो और राजा निकम्मा हो, तो उसे हटाने के और भी तरीके हो सकते हैं। क्या हिंसा ही केवल एक मार्ग है?

ब्राह्मण नट : कुछ सत्ताएँ अपने आसपास ऐसा आवरण बना

लेती हैं कि उसमें सामान्य तरीके से प्रवेश करना मुश्किल हो जाता है। तब शस्त्र की आवश्यकता पड़ती ही है।

दोनों नटी : अरे, अरे···यहाँ तो क्षत्रिय और ब्राह्मण का झगड़ा होने लग गया। यह क्या कर रहे हैं आप?

वैश्य नट : ब्राह्मण देवता, आप तो कथा सुनाइए। हम सब सुनने को तैयार हैं।

शूद्र नट : अन्याय, अधिकार, अत्याचार, शस्त्र इन सबकी बातें बाद में करेंगे, पहले यह तो सुनें कि परशुराम ऐसे हो क्यों गए थे?

सब : हाँ, सुनाइए-सुनाइए···

(ब्राह्मण नट : यह प्रश्न परशुराम ने भी अपने दादा ऋचीक ऋषि और दादी सत्यवती से पूछा था। तब उन्होंने परशुरामजी को उनके जन्म की और उनके इस स्वभाव की कथा सुनाई थी।)

□

पाँचवाँ दृश्य

बालक परशुराम : दादाजी, एक बात बताइए—मैं ऐसा क्यों हूँ?

ऋचीक : कैसा?

परशुराम : सब कहते हैं, मैं बहुत क्रोधी हूँ। मुझमें धैर्य नहीं है। मुझे देखकर लोग कहते हैं—कहीं से भी ऋषिकुल का नहीं लगता हूँ।

सत्यवती : दूसरे क्या कहते हैं, इस बात को छोड़ दे राम। तू यह बता, तुझे अपने बारे में क्या लगता है।

परशुराम : इसीलिए तो मैं परेशान हूँ कि जब भी मैं अपने भीतर झाँकता हूँ, मुझे मेरे ही दो स्वरूप नजर आते हैं। ऐसा लगता है, मैं अपने ही द्वारा दो दिशाओं में खिंचा जा रहा हूँ। एक तरफ ब्राह्मणत्व के स्वर मुझे आकर्षित करते हैं और दूसरी ओर क्षत्रिय शंखनाद मुझे पुकारता है।

(ऋचीक और सत्यवती एक-दूसरे को देखने लगते हैं।)

परशुराम : क्या बात है। मेरी इस बात को सुनकर आप

दोनों बहुत अर्थपूर्ण तरीके से एक-दूसरे को देख रहे हैं। कोई रहस्य है? बताइए न मुझे!

सत्यवती : बेटा परशुराम, इसका उत्तर तो तुझे तेरे दादाजी ही देंगे।

परशुराम : मैं सुनने को तैयार हूँ, दादाजी।

ऋचीक : तो बेटा धैर्य से सुनो, मेरा जन्म भृगु ऋषि के घर हुआ था। मेरी माता का नाम ख्याति था और मेरा विवाह इनसे हुआ। जानते हो, तुम्हारी दादी किनकी पुत्री हैं?

सत्यवती : गाधि राजा की! तुम्हारे दादा ने मेरे पिता के राज्य में आकर मेरा हाथ माँगा था। हमारा विवाह हो गया, लेकिन मेरे पिता गाधि राजा के यहाँ कोई पुत्र नहीं था। मैं एक-मात्र पुत्री के रूप में उनकी संतान थी।

परशुराम : और आपके पिता गाधिराज निश्चित ही पुत्र की कामना करते होंगे···पुत्र का मोह पुत्री के स्नेह पर तब भी भारी पड़ता था दादी?

ऋचीक : बेटा राम, आगे सुनो। एक दिन तुम्हारी दादी सत्यवती ने मुझसे आग्रह किया कि आप अपने मंत्र प्रभाव से कुछ ऐसा करिए कि मुझे और मेरी माँ, दोनों को संतान प्राप्त हो जाए।

परशुराम : फिर आपने क्या किया, दादाजी?

ऋचीक : मैंने मंत्र बल से दो चरू तैयार किए। उन्हें दो पात्र में रखा। चाँदी के कटोरे वाला पात्र मैंने

अपनी सास के लिए रखा और मिट्टी के पात्र वाला अपनी पत्नी, यानी तुम्हारी दादी सत्यवती के लिए।

परशुराम : दो पात्र अलग-अलग क्यों बनाए?

ऋचीक : जो पात्र सत्यवती के लिए था, वह पात्र ब्राह्मण तेज से अभिमंत्रित था और जो गाधिराजा की पत्नी अर्थात् मेरी सास यानी इनकी माँ के लिए था, वह क्षत्रिय तेज से भरा हुआ था।

परशुराम : यह तो बहुत व्यवस्थित कार्य हुआ। फिर···?

सत्यवती : बस, यहीं एक भ्रम और भूल हो गई।

ऋचीक : भूल नहीं, अविश्वास कहो। जब अपने ही अपनों का विश्वास खो दें, तब वंश, परिवार उसकी लंबी कीमत चुकाता है। ऐसा ही हुआ।

परशुराम : मैं समझा नहीं।

सत्यवती : मेरी माँ को संदेह हुआ कि जो पात्र मेरे ऋषि पति ने मेरे लिए तैयार किया है, उसमें अधिक तेज होगा और उन्होंने बदल दिया। अब जिसमें ब्राह्मण का तेज था, वह क्षत्रिय परिवार में चला गया और जो क्षात्र-तेज से अभिमंत्रित था, वह ब्राह्मण परिवार में आ गया। हम माँ-बेटी ने अलग-अलग संस्कारों के चरू पी लिये।

परशुराम : यह तो बड़ी गड़बड़ हो गई। अब···?

ऋचीक : जब मुझे पता लगा, तब मैंने घोषणा की कि इसका परिणाम यह होगा कि मेरे ससुर गाधिराजा

के घर जो संतान होगी, वह क्षत्रिय होकर भी ब्राह्मण का आचरण करेगी और इसीलिए उनके यहाँ जो पुत्र हुआ, उसका नाम उन्होंने विश्वरथ रखा, जो आगे चलकर संसार में विश्वामित्र के नाम से प्रसिद्ध हुए।

सत्यवती : लेकिन मैं घबरा उठी। मैंने इनसे निवेदन किया कि हमारे ब्राह्मण कुल में यदि क्षत्रिय संतान हुई तो क्या होगा? तब तुम्हारे दादा ने मुझे आश्वस्त किया कि चलो, इसे एक पीढ़ी टाल देते हैं। तुम्हारा पुत्र तो ब्राह्मण ही होगा। जानते हो वह कौन है? तुम्हारे पिता जमदग्नि।

ऋचीक : और जो पौत्र होगा, वह ब्राह्मण होकर भी क्षत्रिय जैसा आचरण करेगा। और···

परशुराम : अब मैं समझा, तो वह पौत्र मैं हूँ। जन्म तो मेरा ब्राह्मण कुल में हुआ, लेकिन घड़े बदलने के कारण मेरे आचरण में क्षत्रिय भाव आ गया।

ऋचीक : हमारे घर तुम्हारे पिता जमदग्नि का जन्म हुआ और हमने उनका विवाह रेणु ऋषि की बेटी रेणुका से करा दिया। आगे···

परशुराम : आगे अब क्या बताना। मैं ही बता देता हूँ। मेरी माँ रेणुका ने पाँच पुत्रों को जन्म दिया। भैया वसुमान, भैया वसुषेण, भैया वसु, भैया विश्वासु और पाँचवाँ मैं सबसे छोटा···

(राम··· राम··· राम··· कहाँ हो राम··· एक महिला

की आवाज आती है, जो परशुराम की माँ रेणुका की आवाज होती है। और दृश्य रेणुका, जमदग्नि व परशुराम की ओर बदल जाता है।)

रेणुका : राम, राम, कहाँ हो...यह बालक तो पता नहीं कहाँ-कहाँ घूमता रहता है। एक बार पुकारने में आ जाए, तब तो कहना ही क्या!

जमदग्नि : रेणुका, तुम उसकी माँ हो। अभी भी उसको नहीं समझीं।

रेणुका : आप तो पिता हैं, आप तो उसे अच्छी तरह से जानते हैं। क्या आपको उसका आचरण देखकर चिंता नहीं होती?

जमदग्नि : रेणुका, मेरे पिता ऋचीक ऋषि ने मुझे बताया था। जमदग्नि, तेरा यह पुत्र क्षत्रिय जैसा तेज लेकर पैदा हुआ है। यह भगवान् विष्णु का साक्षात् अवतार है। साधुजनों की रक्षा करेगा। यह सामान्य युवक नहीं होगा।

रेणुका : तभी तो मैं देखती हूँ। बात-बात पर इसकी भृकुटियाँ तन जाती हैं, आँखें अग्नि उगलती हैं। होंठ तो ऐसे फड़फड़ाते हैं, जैसे तूफान आ जाएगा।

जमदग्नि : मैं भी इसके क्रोध के प्रति चिंतित हूँ। हालाँकि इसे अकारण क्रोध नहीं आता, फिर भी चिंता इस बात की है कि किसी दिन ऐसा बड़ा कारण न हो जाए कि प्रकृति इसके क्रोध को सँभाल न

पाए। लो, आ गए वीरोत्तम…

(परशुराम का प्रवेश)

रेणुका : राम, कहाँ था तू?

परशुराम : माँ, वन की ओर गया था। कुछ लोग वृक्षों को काट रहे थे, जो मुझे सहन नहीं होता। वृक्ष और वन में पशु का उचित संरक्षण होना चाहिए।

रेणुका : तभी सब लोग कहते हैं, तूने क्या समाज बदलने का ठेका ले रखा है?

परशुराम : हाँ, मैं बहुत बड़ा ठेकेदार बनूँगा। यदि धर्म, प्रकृति, सामान्य जन पर कोई अत्याचार करेगा, तो मैं सहन नहीं करूँगा। मुझे ऐसा लगता है माँ, आज के सत्ताधारी लोग अहंकारी हो गए हैं। इन्हें यदि नहीं रोका गया तो इनके अत्याचार की सीमाएँ किसी दिन बढ़ते-बढ़ते हमारे आश्रम में प्रवेश कर जाएँगी।

जमदग्नि : चलो, शांति से हमारे पास बैठो। अब बताओ क्या करोगे?

परशुराम : दुष्टों को सबक सिखाऊँगा और भले लोगों की रक्षा करूँगा। हम ब्राह्मणों का यही काम है, क्योंकि संस्कार इसी से बचेंगे।

रेणुका : अरे, तू तो बड़ा और बूढ़ा दोनों ही हो गया। तेरे पिता ने तेरी शिक्षा के लिए व्यवस्था की है।

परशुराम : सचमुच पिताश्री, कोई विशेष व्यवस्था है।

पुरुषोत्तम परशुराम

जमदग्नि : हाँ, मैं चाहता हूँ, तुम भगवान् शंकर के शिष्य बनो। तेरे भीतर वह सारी संभावना है कि तू शिवत्व अपने अंतर में उतार ले। भविष्य तेरी ओर देख रहा है।

(दृश्य परिवर्तन। नट-नटी की चर्चा)

□

छठवाँ दृश्य

ब्राह्मण नट : और इस तरह बालक परशुराम को विद्या ग्रहण करने के लिए भगवान् शंकर के पास भेजा गया।

क्षत्रिय नट : ऐसा क्यों किया गया? क्या ऋषि जमदग्निजी के आश्रम में व्यवस्था नहीं थी?

ब्राह्मण नट : ऐसी बात नहीं है। सत्य तो यह है कि कुछ शिक्षा, जिसे व्यावहारिक शिक्षा कहेंगे, आश्रम से बाहर निकलकर ही प्राप्त की जा सकती थी। माता-पिता के रूप में जमदग्नि और रेणुका तो अपना श्रेष्ठ दे ही रहे थे, लेकिन कुछ बातें संतानों को दूसरों के द्वारा ही समझाई जा सकती हैं।

क्षत्रिय नटी : यह बिल्कुल ठीक कहा। बच्चे माता-पिता की बात उतने अच्छे ढंग से नहीं समझते, जितना कभी-कभी दूसरे समझा देते हैं।

शूद्र नट : भगवान् शंकर ने कोई विशेष विद्या प्रदान की थी परशुराम को?

ब्राह्मण नट : हाँ, भगवान् शंकर ने सभी 18 विद्याओं का

अध्ययन कराया था। उन्हें पूरी तरह से संस्कार संपन्न कर दिया था।

वैश्य नटी : तो यह परशु इनके पास कैसे आया?

ब्राह्मण नट : यह भगवान् शंकर ने ही दिया था। सत्य और धर्म की रक्षा के लिए। भगवान् शंकर के शिष्य परशुराम इतने विद्वान् हुए कि बाद में उनकी अपनी शिष्य परंपरा चल पड़ी।

क्षत्रिय नट : उनके भी शिष्य थे?

ब्राह्मण नट : एक से बढ़कर एक। परशुरामजी जहाँ भी गए, अपनी योग्यता के आधार पर अनेक लोगों को यौग, शास्त्र और शस्त्र सिखाया। महर्षि भरद्वाज के आश्रम में जब द्रोणाचार्य छोटे थे, तब उन्होंने परशुरामजी से शस्त्र विद्या सीखी थी।

शूद्र नट : ये वही द्रोणाचार्य हैं, जो कौरव-पांडवों के गुरु थे?

ब्राह्मण नट : हाँ, सोचिए। परशुरामजी उनके भी गुरु थे। और तो और, परशुरामजी ने भीष्म पितामह, कर्ण को भी धनुर्विद्या की शिक्षा दी थी।

क्षत्रिय नटी : सुना है, कर्ण ने धोखे से परशुरामजी से विद्या सीखी थी।

वैश्य नटी : और क्या? इसका उसने दंड भी भुगता था। परशुरामजी ने उसे शाप दिया था कि समय आने पर जो विद्या उसने सीखी है, उसे भूल जाएगा। धोखा देने और छल करने का यही परिणाम होता है।

क्षत्रिय नट : तुम स्त्रियों को धोखा और छल की बातें बहुत याद रहती हैं।

क्षत्रिय नटी : हमें तो सिर्फ याद रहती हैं, परंतु…

वैश्य नटी : यह काम करते पुरुष ही हैं…

ब्राह्मण नट : चलिए, छोड़िए, आपस में न उलझें। इस प्रसंग से हम कुछ शिक्षा लें।

वैश्य नटी : एक बात समझ में आ गई कि उच्च शिक्षा के लिए उस समय भी अपनों से दूर जाना पड़ता था। विद्या प्राप्त करने के लिए त्याग करना ही पड़ता है।

क्षत्रिय नटी : ठीक कहती हो, बहन। आज भी हम माताओं की जिम्मेदारी है कि हमारे बच्चे अच्छी और उच्च शिक्षा प्राप्त करें।

ब्राह्मण नट : इसीलिए संस्कार देने की अधिक जिम्मेदारी माताओं पर है। माताएँ चाहें तो बचपन में ही अपनी संतानों की ऊर्जा की दिशा सही रास्ते पर बदल सकती हैं। माँ क्या नहीं कर सकती।

वैश्य नटी : माँ की चर्चा पर याद आया, परशुरामजी को मातृहंता भी तो कहा जाता है।

क्षत्रिय नटी : मातृहंता…? यह क्या?

सभी : *(ब्राह्मण नट से)* क्या हुआ ब्राह्मण देवता? आप मौन क्यों हो गए, आँख बंद करके क्या सोच रहे हैं? क्या हमने गलत सुना है कि परशुरामजी ने अपनी माँ का वध किया था? बोलिए, विप्रदेव,

कुछ तो बोलिए।

ब्राह्मण नट : हाँ, यह सत्य है। परशुरामजी के चरित्र का यह विचित्र प्रसंग है। अगर ऊपर से देखेंगे तो बहुत पीड़ादायक है।

शूद्र नट : क्या कोई पुत्र ऐसा कर सकता है?

दोनों नटी : सुनकर बहुत आश्चर्य हो रहा है। अवश्य इसके पीछे कोई बड़ी घटना रही होगी। हम सब सुनने को तैयार हैं।

ब्राह्मण नट : हाँ, इस घटना को सुनना भी पड़ेगा और समझना भी। चलिए, उस दृश्य की ओर चलते हैं। एक दिन परशुरामजी की माँ रेणुका गंगास्नान करके लौट रही थीं। उनके मुँह से बोल निकल रहे थे…

(दूसरे स्टेज पर रेणुकाजी स्नान करके लौट रही हैं। वे गुनगुना रही थीं—तुलसा महारानी नमो-नमो, हरि की पटरानी नमो-नमो, कृपा करो माँ नमो-नमो! मेरा परिवार आपकी शरण में, नमो-नमो!)

ब्राह्मण नट : उनके मन में लगातार यह चिंतन चल रहा था कि वे एक भूल कर चुकी हैं। नदी के दूसरे किनारे पर गंधर्वराज चित्ररथ अपनी पत्नी के साथ जल-क्रीड़ा कर रहे थे। उन दोनों का आचरण काम-क्रीड़ा में डूबा हुआ था। यह तमाशा रेणुकाजी ने देखा और उनके मन में भी विकार

आ गया। कुछ क्षणों के लिए उनका मन चंचल हो गया था। ऋषि पत्नी थीं, ग्लानि से भर गईं और भारी कदमों से आश्रम की ओर चल पड़ी थीं। आश्रम में प्रवेश किया। उन्होंने सोचा भी न था कि इसी के साथ उनके जीवन में दुर्भाग्य ने भी प्रवेश कर लिया है...

(आश्रम का दृश्य)

□

सातवाँ दृश्य

(आश्रम में ऋषि जमदग्नि बैठे हुए थे। रेणुकाजी प्रवेश करती हैं और उनसे दृष्टि चुराकर भीतर जाने का यत्न करने लगती हैं। ऐसा देखकर जमदग्नि उन्हें टोकते हैं।)

जमदग्नि : देवी रेणुका, क्या बात है? आज कुछ असहज लग रही हैं। सब ठीक तो है? बहुत शीघ्रता से प्रवेश कर रही हैं।

रेणुका : हाँ, मैं तनिक शीघ्रता में हूँ।

जमदग्नि : किंतु लगता है, आपकी देह से अधिक आपका चित्त चलायमान हो रहा है। आपके मुख से एक मानसिक विकार प्रकट हो रहा है। आप जाग्रत् होकर भी अचेत लग रही हैं। किस बात से त्रस्त हैं? क्या घटित हो गया?

रेणुका : जी नहीं, सब सामान्य है, मैं भी और स्थितियाँ भी।

जमदग्नि : नहीं देवी, आप इस समय ब्रह्म तेज से च्युत हो

चुकी हैं। कुछ ऐसा घटा है, जिसका रहस्य मुझसे छुपाया जा रहा है। पति-पत्नी के बीच जब दुराव आ जाए, रहस्य आ जाए तो संबंध की गरिमा खंडित होगी। सत्य आप बताएँगी या मैं जानूँ?

रेणुका : आप अन्यथा ले रहे हैं। फिर आप तो त्रिकालदर्शी हैं। सब जान सकते हैं। मैं बहुत सामान्य स्त्री हूँ। मात्र आपकी अर्धांगिनी। आप ही जान लें और आप ही निर्णय ले लें।

(उसी स्थान पर बैठ जाती हैं गरदन नीची करके। और उसी समय छाती में गहरी साँस भरकर गरदन उठाकर आँखें बंद करते हुए जमदग्नि चिंतन करने लगते हैं…)

जमदग्नि : यह क्या किया आपने? एक दृश्य देखकर आप काम पीड़ित हो गईं। आपके हृदय में उस समय परपुरुष को देखकर जो विचार चल रहे थे, वे इस समय मेरे मस्तिष्क में आ गए हैं। मैं बहुत आहत हूँ कि एक ऋषि पत्नी आचरण से ऐसा भी गिर सकती है।

रेणुका : सबसे पहले मैं मनुष्य हूँ, उसके बाद ऋषि पत्नी। अपनी भूल स्वीकार करती हूँ। परमात्मा ने मनुष्य को प्रायश्चित्त करने के लिए अवसर प्रदान किए हैं। आप जो आज्ञा देंगे, मैं वैसा प्रायश्चित्त करूँगी

जमदग्नि : देवी, आप मेरे साथ दीर्घ समय से रह रही हैं। आपको ज्ञात है, मैंने अपने जीवन में सर्वाधिक

प्राथमिकता चरित्र को दी है। हम दोनों के बीच आपकी ओर से चिंतन में ही यदि परपुरुष आ जाए, यह मेरे लिए मृत्यु तुल्य है। हम दोनों में से किसी एक का जीवन तो जाना ही है। आपके दूषित चिंतन ने मेरी साँसों को भी विषपूर्ण कर दिया है। मैं अब जीना नहीं चाहता।

रेणुका : और मैं वैधव्य नहीं चाहती। मेरे दोषपूर्ण चिंतन के कारण आप देह त्यागने की बात न सोचें। हम पति-पत्नी हैं। भूल का निदान हमें ही निकालना है। सर्वाधिकार आपके पास सुरक्षित है। पुरुष भूल करे तो भी और स्त्री भूल करे तो भी निर्णय और दंड तो पुरुष को ही देना है। जितना लाचार मैं उस चिंतन के समय थी, उतना ही अब हूँ। आप क्षमा करें या दंड दें, मुझे स्वीकार है।

जमदग्नि : जो पाप आपने किया है, उसका दंड सामान्य नहीं हो सकता। एक ऐसा दंड निश्चित किया जाएगा कि संसार वर्षों तक याद रखेगा कि पति-पत्नी के बीच का विश्वास जब टूटता है, तो जीवन किस ढंग से बिखरता है। अब दंड मैं नहीं, तुम्हारी संतानें तुम्हें देंगी।

रेणुका : मेरे पास कहने के लिए कुछ बचा ही नहीं है। अब सुनना ही सुनना है।

जमदग्नि : *(जोर से)* सुनो, पुत्र रुक्मवान, सुषेण, वसु और

विश्वासवसु कहाँ हो, शीघ्र यहाँ आओ।

(चार युवकों का प्रवेश)

रुक्मवान : जी, पिताजी! आज्ञा दीजिए।

जमदग्नि : तुम चारों आए, पाँचवाँ···राम कहाँ है? वह क्यों नहीं आया?

रुक्मवान : वह आश्रम से बाहर है। किंतु शीघ्र आ जाएगा। आप हमें आज्ञा दीजिए। हम हैं आपकी सेवा के लिए।

जमदग्नि : तो ध्यान से सुनो। तुम्हारी माता से एक अक्षम्य अपराध हुआ है। मैं अत्यधिक क्रोधित हूँ और इन्हें दंड दे रहा हूँ।

रुक्मवान एवं अन्य : अपराध और माताजी से?

जमदग्नि : रेणुका, तुम बताओगी अपराध क्या हुआ? या मैं कहूँ।

रेणुका : मैं स्वयं में इतनी लज्जित हो चुकी हूँ कि अब मेरी संतानों के सामने मुझे और अपमानित न करें। कृपया दंड की घोषणा कर दें। मैं और मेरे पुत्र स्वीकार करेंगे।

जमदग्नि : तो पुत्रो सुनो! तुम लोग बिना विलंब किए अपनी माँ का वध कर दो। इस देह से अब इन्हें जीवित रहने का अधिकार नहीं है। आज्ञा का पालन हो। मैं बहुत असहज हूँ और अब अधिक प्रतीक्षा नहीं कर सकता।

(चारों पुत्र एक-दूसरे को देखते हैं।)

रुक्मवान : पिताजी, यह असंभव है।

सुषेण : हमें स्वीकार नहीं।

वसु : यह हम कैसे कर सकते हैं?

विश्वासवसु : मैं तो कहूँगा, माता को भी और हमें भी क्षमा कर दें।

जमदग्नि : तो फिर इस दंड में तुम भी भागी रहोगे। जाओ, मैं शाप देता हूँ कि तुम्हारी विचार-शक्ति नष्ट हो जाए और तुम चारों मृग, पक्षियों की तरह जड़बुद्धि हो जाओ। मनुष्य के रूप में समाप्त हुए तुम। अब यही जड़ता तुम्हारी नियति है।

(चारों पुत्र जड़ हो जाते हैं। शाप की गूँज होती है। उसी समय परशुराम का प्रवेश होता है।)

परशुराम : प्रणाम पिताजी, प्रणाम माँ··· बड़े भैया···ये सब क्या हो गया? पिताजी, माँ बोलती नहीं? मेरे बड़े भाई जड़वत् हो गए, कुछ अनिष्ट हुआ है क्या?

जमदग्नि : इस समय मैं तुम्हारे प्रश्नों का उत्तर नहीं दे सकता। तुम्हें मात्र आज्ञा दे रहा हूँ। आज्ञा का पालन करोगे?

परशुराम : आपकी आज्ञा सदैव शिरोधार्य है। परंतु हुआ क्या है, पिताजी?

जमदग्नि : तुम्हारी माता और भाइयों से एक अपराध हुआ है। मैंने इन्हें मृत्युदंड दिया है और यह कार्य

तुम्हें पूरा करना होगा। इनके जीवन को समाप्त कर दो। ऐसी मेरी आज्ञा है। कर सकोगे? मैं तुम्हें चिंतन का अवसर दे सकता हूँ, अस्वीकृति का नहीं।

(उसी समय बिजली गरजती है। ऐसा लगता है, आसमान फट गया। परशुराम अपना परशु उठाते हैं। जोर-जोर से चक्कर लगाते हैं। दृश्य ऐसा बनता है कि उन्होंने माता और भाइयों का वध कर दिया। पहाड़ फट गए, नदियों में रक्त की बाढ़ आ गई हो। और ऐसा लगता है जैसे पूरी प्रकृति फूट-फूटकर रो दी हो। तांडव करते-करते परशुराम एक ऊँचे स्थान पर चले जाते हैं और अपने ही परशु को एक स्थान पर रखकर उससे बातचीत आरंभ करते हैं। अपने परशु के आसपास घूमकर, पूछकर संवाद बोलते हैं।)

परशुराम : ऐ परशु, मैं तुझसे पूछता हूँ। यह कृत्य मेरे हाथों क्यों हुआ? मैं तुझसे पूछ रहा हूँ, क्योंकि एक दिन संसार मुझसे पूछेगा। यह मैंने क्या किया? उस माँ का वध कर डाला, जो माँ मुझे सर्वाधिक प्रेम करती थीं। मुझे याद आ रहा है, मेरी भूल पर जब वे मुझे डाँटती थीं, तो मैं उनके पैरों से लिपट जाता था और वे मुझे अपनी गोद में सुला लेती थीं।

(सिर्फ गर्जना सुनाई देती है। ऐसा लगता है,

जैसे परशु फट पड़ेगा)

परशुराम : ऐ परशु, मुझे उत्तर दे। मेरी दृष्टि में माता और पिता दोनों समान थे, लेकिन मैंने पिता के हाथ में हम सबके जीवन का नेतृत्व देखा था। उनकी आज्ञा का पालन करना मेरा धर्म था। मैंने धर्म निभाया है। मुझे स्वप्न में भी भान नहीं था कि पिता की आज्ञा के पीछे ऐसा कठोर कृत्य होगा। पिता मेरे सर्वस्व हैं। मुझे उत्तर दो। ऐसा क्यों हो गया? क्या कर्तव्य-पालन में इतना कठोर होना पड़ता है? यह मेरा आवेश नहीं था, पिता के प्रति आदर था। यह जो हिंसा मुझसे हुई है, संसार इसमें पाप देखेगा, लेकिन मैं सिर्फ पिता देख रहा था और पिता ही देख रहा हूँ।

जमदग्नि : पुत्र राम, जो मैं देख रहा हूँ, इस संसार में और कोई नहीं देख पाएगा। मैंने तेरे व्यक्तित्व में आज संस्कृति, न्याय, धर्म और सत्य का नया स्वरूप देखा है। तू अद्‌भुत और अनूठा है। तेरे जैसा कोई इस धरा पर होगा नहीं। यहाँ आओ पुत्र, यहाँ आओ··· !

परशुराम : पिताजी, मैं चकित हूँ, व्यथित हूँ। समझ नहीं आता, अब मैं क्या करूँ? आपकी शरण में हूँ। रक्षा करिए!

जमदग्नि : परशुराम, तुम नहीं जानते। मैंने तुमसे ऐसा क्यों कराया? तुम हमारे वो पुत्र हो, जो एक बहुत

बड़े अभियान को पूरा करेगा। इस धरती पर जब नेतृत्व निकम्मा हो जाएगा, सत्ता भ्रष्ट हो जाएगी, कर्णधार कुटिल हो जाएँगे, जिन्हें संरक्षण देना है, वे ही लूटने लग जाएँगे, तब तुम्हें धर्म बचाना होगा। एक दिन तुम्हारे हाथों से ऐसा अद्वितीय कार्य होगा।

परशुराम : लेकिन यह तो भविष्य में होगा पिताजी। आज ऐसा क्यों हो गया? क्यों हुई यह घटना?

जमदग्नि : पुत्र, घटनाएँ तो निमित्त होती हैं। तुम्हारे व्यक्तित्व की परीक्षा, तुम्हारे भीतर कर्तव्य-परायणता और निष्ठ स्थापित हो जाए, इसलिए यह घटना मात्र एक कारण बनी है।

परशुराम : लेकिन, मेरी माता...

जमदग्नि : तुम्हारी माता मेरे लिए भी उतनी ही प्रिय थीं। उनके व्रती रूप का मैं आज भी उतना ही सम्मान करता हूँ। मैंने कहा न, कुछ घटनाओं को निमित्त बनाना पड़ता है, तब किसी की दिव्यता का उदय होता है। आज इस राम में से परशुराम का उदय हुआ है। आज यह परशु घोषित कर रहा है कि कर्तव्य की पूर्ति में ये सारी सीमाएँ लाँघ जाएगा। तुमने जो कृत्य किया है, यह संस्कृति और संस्कार की सेवा है। एक ऋषि और एक पिता के रूप में मैं अत्यधिक प्रसन्न हूँ और कृतज्ञ हूँ। माँगो, क्या वर माँगते हो?

परशुराम : पिताजी, मैं आपकी अलौकिक क्षमताओं से परिचित हूँ। आज आपका एक नया जीवन-दर्शन सामने आया है। यदि वर ही देना चाहते हैं, तो इस समय हम छह पात्र आपके सामने हैं—पाँच हम भाई और एक माता···मैं आपसे छह वरदान माँगता हूँ। मेरी झोली में डाल दीजिए।

जमदग्नि : तेरी माँग पूरी करके किसको गर्व नहीं होगा।

परशुराम : तो पहला वर यह दीजिए कि मेरी माँ जीवित हो जाएँ। दूसरा निवेदन है, मेरे द्वारा उनका जो वध किया गया है, वह उन्हें स्मरण न रहे। तीसरी बात, जो मानस पाप आपने उनका देखा है, उसका नाश हो जाए। चौथा वर दीजिए मेरे चारों भाई जीवित हो जाएँ। मुझे पाँचवाँ वरदान चाहिए कि युद्ध में मेरे समक्ष कोई टिक न सके और छठवीं कृपा कर दें कि मेरी आयु दीर्घ हो, मेरी स्वीकृति तक मृत्यु प्रतीक्षारत रहे।

जमदग्नि : मुझे ज्ञात था पुत्र कि तुम ऐसा ही कुछ माँगोगे। तथास्तु! जब तुम्हारी माता और भाई उठेंगे तब उन्हें मात्र इतना भान होगा कि वे किसी स्वप्न से जागे हैं। यह घटना मेरे द्वारा तेरी परीक्षा-थी। तू उत्तीर्ण हुआ और इसी के साथ यह घटना संसार से विस्मृत हो गई। इससे जुड़े किसी भी पात्र को इसका स्मरण नहीं रहेगा, लेकिन मुझे सदैव स्मरण रहेगा कि तेरे जैसा पुत्र अनेक पुण्यों

का परिणाम होता है।

परशुराम : तो पिताजी हमारे आश्रम का सामान्य जीवन आरंभ हुआ। हम सब पूर्व की तरह अपनी-अपनी गतिविधियों में संलग्न हो जाएँगे।

जमदग्नि : तथास्तु पुत्र! चलो एक नए भविष्य में प्रवेश करें!

□

आठवाँ दृश्य

(आश्रम का दृश्य। काफी शोर मच रहा है, आवाजें आ रही हैं जंगली जानवरों के चिंघाड़ने की। चारों भाई प्रवेश करते हैं और उनके पीछे परशुराम, जिनकी देह पर घाव के निशान हैं, रक्त बह रहा है।)

रेणुका : ऋषिवर, शीघ्र आइए! पुत्रो, यह क्या हुआ? राम ठीक तो है? *(घायल राम को सब लोग घेरकर बैठ जाते हैं।)*

जमदग्नि : क्या बात है? किसी ने आक्रमण किया? उपचार की व्यवस्था की जाए। क्या हुआ राम?

रुक्मवान (बड़ा भाई) : मैं बताता हूँ। हमारे राम ने आज अद्‌भुत पराक्रम कर डाला। वन में आज यह खो गया था। हम सब इसे ढूँढ़ रहे थे। जाकर देखा तो राम ने एक बाघ को अपनी बाँहों में दबाकर रखा था। बाघ तड़प रहा था और यह छोड़ने को तैयार नहीं था।

रेणुका : मुझे आभास होता ही था कि राम कुछ-न-कुछ भयानक अवश्य करेगा। कहीं कुछ हो जाता तो?

परशुराम : किसको? और क्या हो जाता…?

सुषेण (दूसरा भाई) **:** ठीक ही तो कह रहा है राम। इसको कुछ नहीं होता? हुआ तो उस बाघ के साथ है। जानती हो माँ, सुनिए पिताजी, राम ने उस बाघ का जबड़ा फाड़ा, एक हाथ से उसकी जीभ पकड़ी और बाहर खींच ली। तड़प रहा था वह बाघ और ये उसे रगड़ते हुए अंतिम साँसों तक पहुँचा रहा था।

रेणुका : यह पराक्रम था या दुस्साहस?

परशुराम : कुछ भी कहें माँ, बड़ा आनंद आया।

दोनों भाई : आनंद तो आया ही होगा। माँ इससे पूछो कि यह बाघ से जाकर भिड़ा क्यों?

जमदग्नि : क्यों पुत्र…?

रुक्मवान (बड़ा भाई) **:** देखिए, हमारा छोटा भाई घायल होकर भी कैसे लज्जा में डूबा है। जानते हैं, इस घटना के पीछे एक कन्या थी।

रेणुका : कन्या, कौन कन्या?

सुषेण (दूसरा भाई) **:** परिचय तो हो ही चुका है। राम, अब तुम ही विस्तार से बताओ।

परशुराम : उसका परिचय स्वयं वही दे देगी। सुरक्षा की दृष्टि से हम आश्रम ले आए हैं।

(एक कन्या लोमहर्षिणी के साथ तीन-चार

सखियाँ भी प्रवेश करती हैं)

परशुराम : माँ, पिताजी। यह राजा सुदास की छोटी बहन हैं…

लोमा : मेरा नाम लोमहर्षिणी है। मैं अपनी सखियों के साथ वन में विचरण करने निकली थी और उसी समय बाघ का आक्रमण हो गया। हमारा परिवार मेरी सुरक्षा को लेकर पहले से ही बहुत चिंतित है।

जमदग्नि : बाघ की बात तो समझ में आती है। बाकी किससे सुरक्षा की चिंता है?

लोमा : राजा सहस्रार्जुन से।

(यह नाम सुनकर सब चौंक उठते हैं, एक-दूसरे को देखकर)

जमदग्नि : क्या बात है? सहस्रार्जुन आपके भाई के राज्य पर आक्रमण करना चाहते हैं?

लोमा : नहीं, उनकी दृष्टि मुझ पर है, जबकि सहस्रार्जुन पहले से विवाहित हैं। उन्होंने संदेश भेजकर मेरे भाई से मेरा हाथ माँगा है। हम लोग बहुत चिंतित हैं।

जमदग्नि : रेणुका, इनकी व्यवस्था करो और राम, मेरा आदेश है कि तुम इन कन्याओं को सुरक्षित इनके राज्य में छोड़कर आओ। ध्यान रखना, मैं तुम्हें इनके रक्षक के रूप में नियुक्त कर रहा हूँ।

(दूसरे मंच पर परशुराम और लोमहर्षिणी आपस में बातचीत करते हुए जा रहे हैं।)

परशुराम : यह वन कितना भयानक है!

लोमा : उतना ही सुंदर भी···मार्ग में यदि साथी अनुकूल हो, प्रिय हो और सुख पहुँचाने वाला हो तो कण-कण, रज-रज में सौंदर्य उतर आता है। मैं ठीक कह रही हूँ न?

परशुराम : हूँ···

लोमा : आपको किस नाम से पुकारूँ?

परशुराम : मेरे अलग-अलग नाम नहीं हैं, एक ही नाम है। सभी मुझे राम कहते हैं और कुछ लोग परशुराम भी। आप स्वतंत्र हैं। चाहे जिस नाम से पुकारें। मैं सुन लूँगा।

लोमा : केवल मस्तिष्क से सुनेंगे या हृदय से भी?

परशुराम : मैं हर कार्य हृदय से ही करता हूँ।

लोमा : क्या उस बाघ को भी ऐसे ही मारा था। जिस समय आप उसके प्राण ले रहे थे, आपका क्रोध देखकर लगा, आप हृदयशून्य हैं। मैं तो भयभीत हो गई थी।

परशुराम : किससे—मुझसे या बाघ से?

लोमा : डरी तो मैं उस सिंह से थी। इस पुरुषसिंह से तो स्नेह जाग गया। इतने क्रोध के बाद भी आप बहुत सम्मोहक व्यक्तित्व के धनी हैं।

परशुराम : अभी आपने मेरा क्रोध देखा ही कहाँ है?

लोमा : अवसर तो दीजिए···सुनिए, आपने मुझे उस बाघ से बचाया। अब कार्तवीर्य सहस्त्रार्जुन से भी मेरी

रक्षा का दायित्व आप पर है। एक बात कहूँ, क्रोधित तो नहीं होंगे?

परशुराम : कहिए, अपने क्रोध के प्रति तो मैं स्वयं भी आश्वस्त नहीं हूँ, लेकिन आपके सामने पता नहीं क्यों मेरा क्रोध भी एक नया रूप ग्रहण करने का आग्रह कर रहा है।

लोमा : जब आप मेरी रक्षा कर रही रहे हैं, तो क्या ऐसा नहीं हो सकता कि समूचा जीवन आप ही से रक्षित हो जाए।

परशुराम : देवी, इस प्रस्ताव का अर्थ जानती हैं? आप मुझसे आयु में बड़ी हैं और मेरे जीवन के उद्देश्य कुछ अलग हैं।

लोमा : लेकिन पवित्र तो हैं। क्या गृहस्थी बसाना उद्देश्यों में बाधक बन जाता है? यदि दांपत्य जैसा धर्म न होता तो मैं और आप धरती पर भी नहीं होते।

परशुराम : इस विषय पर आप और विचार करिएगा, मैं तो स्पष्ट हूँ।

लोमा : स्पष्ट तो मैं हूँ, विचार आपको करना है और मेरी यह भेंट आपके विचारों को गति देगी। लीजिए, मेरे कंठ की यह पुष्पों की माला आपको भेंट कर रही हूँ। इस भेंट में पूरा जीवन-दर्शन छिपा है। सूँघ सकें तो सूँघ लें, यह सुगंध जीवन के लिए ऊर्जा बन जाएगी।

परशुराम : यह क्या है?

लोमा : प्रेम से दी गई भेंट को ऐसा नहीं कहते। यह प्रस्ताव और प्रेम दोनों ही है। इनके तो अर्थ समझते होंगे आप?

परशुराम : प्रेम और वासना के अर्थ समझने में पूरा जीवन लग जाता है देवी, और मैं इन दोनों के अर्थ में स्पष्ट हूँ।

(परशुराम माला ले लेते हैं।)

परशुराम : भेंट तो मैं स्वीकार करता हूँ, लेकिन आपके आग्रह पर मैं निर्णय नहीं लूँगा। मैं पुनः आपको याद दिला दूँ कि मेरे जीवन के उद्‌देश्य कुछ और हैं। ईश्वर ने मुझे ऐसे दायित्व सौंपे हैं कि जिसकी पूर्ति के लिए मुझे जो संघर्ष करना पड़ेगा, वह सबके लिए सरल नहीं है। लीजिए, आपका सुरक्षित स्थान आ गया।

लोमा : क्या हमारी फिर भेंट होगी?

परशुराम : कह नहीं सकता। प्रत्यक्ष में हम मिलेंगे या नहीं, यह तो ईश्वर ही जानता है। कौन जाने, उसने भविष्य में क्या-क्या छिपा है?

लोमा : चलिए, प्रत्यक्ष में हम मिलेंगे या नहीं मिलेंगे, यह घोषणा तो आपने कर दी, लेकिन स्मृतियों में तो कोई रोक नहीं सकेगा।

(मंच पर अँधेरा छा जाता है। यहाँ एक गीत भी लिया जा सकता है।)

□

नवाँ दृश्य

(आश्रम का दृश्य। ऐसी आवाजें सुनाई देती हैं, जैसे किसी राजा की सवारी आ रही हो। आश्रम का एक सेवक आकर जमदग्निजी को सूचना देता है।)

सेवक : ऋषिवर, सूचना प्राप्त हुई है, हैहय वंश के राजा कार्तवीर्य सहस्रार्जुन अपने मंत्री और सेनापतियों के साथ आश्रम में प्रवेश चाहते हैं। आपकी क्या आज्ञा है?

जमदग्नि : उन्हें सम्मान से प्रवेश कराया जाए और आश्रम में सारी व्यवस्थाएँ जुटाई जाएँ। आश्चर्य की बात है कि वे यहाँ आ रहे हैं। क्यों आ रहे हैं, यह तो मिलने पर ही पता लगेगा?

रेणुका : अरे वाह, आप भूल गए। मेरी छोटी बहन वेणुका सहस्रार्जुन की अर्धांगिनी है। वे आपके साढ़ू हैं। आपकी उनसे रिश्तेदारी है, तो क्या ऐसा मीठा रिश्ता निभाया नहीं जा सकता?

जमदग्नि : देवी, ऐसी बात नहीं है। सहस्त्रार्जुन एक ऐसे राजा हैं, जो अपनी सत्ता और स्वार्थ के आगे किसी रिश्ते का मान नहीं करते। उनके लिए तो हर रिश्ता एक सौदा है। पता नहीं क्यों आ रहे हैं और क्या करके जाएँगे? लेकिन हमारा दायित्व है, हम उनकी पूरी आवभगत करें। बाकी परमात्मा पर छोड़ दें।

(उसी समय परशुराम का प्रवेश होता है।)

परशुराम : पिताजी, राजा सहस्त्रार्जुन हमारे आश्रम में क्यों आ रहे हैं? मैंने सुना है और आप भी जानते हैं, इनका आचरण रहस्यमयी होता है। ये न सिर्फ अहंकारी हैं, बल्कि कुटिल भी हैं।

रेणुका : बस पुत्र, बस, इतना भी आवेश में न आओ। वे हैं तो हमारे रिश्तेदार ही। उन्हें आने तो दो।

परशुराम : तो फिर हमें सजग रहना होगा कि वे अपनी सीमाओं में रहें।

जमदग्नि : हम तो अपनी सीमा तय कर लेंगे पुत्र। बस वे न लाँघ जाएँ?

परशुराम : तो फिर सीमा मेरा परशु तय करेगा।

(परशु उठाते हैं)

जमदग्नि : अरे बस, तुम तो तुरंत युद्ध का निर्णय ले लेते हो।

रेणुका : अभी तो स्वागत की तैयारी करो।

परशुराम : मेरी दृष्टि में इन जैसों का स्वागत भी युद्ध जैसा ही है।

रेणुका : *(जमदग्नि से)* ऋषिवर! मुझे लगता है, राम कहीं आवेश में आकर राजा का अपमान न कर जाए। इसे शीघ्र आवेश आ जाता है।

परशुराम : माताजी और पिताजी, आप दोनों सुन लें। मुझे आपके अतिरिक्त किसी में रुचि नहीं है। आपकी राजा के सम्मान में रुचि है तो आप करिए। मैं जा रहा हूँ। आपकी आज्ञा हो तो पुष्कर तीर्थ में स्नान करके लौट आऊँगा।

जमदग्नि : क्या कहती हो देवी?

रेणुका : जाओ, बेटा राम! अपनी इच्छा पूरी करो। परंतु बहुत अधिक दिन न लगाना। हम तुम्हारी प्रतीक्षा करेंगे। तुम्हारे बिना आश्रम सूना हो जाता है। जानते हो न, प्रत्येक पेड़ तुमसे जीवंत जुड़ गया है।

जमदग्नि : ...और सभी गाएँ तुमसे ऐसी हिल-मिल गई हैं कि तुम्हारे बिना वे दूध नहीं देतीं। 'कामधेनु' तो समझ लो, तुम्हारे लिए ही आश्रम आई है।

परशुराम : मैं सब अपनी स्मृति में लेकर जा रहा हूँ। बस, यों गया और यों आया। आशीर्वाद दीजिए।

(तब तक सहस्रार्जुन, उनके मंत्री और सेनापतियों का प्रवेश हो जाता है। उसकी चाल-ढाल और प्रवेश में ही अहंकार झलकता है। ऋषि द्वारा उनको सिंहासन पर बैठाया जाता है। एक छोटी सी राजसभा बन जाती है।)

जमदग्नि : आपको यहाँ आश्रम में देखकर सुखद अनुभूति हो रही है। हम सब आश्रमवासी बहुत प्रसन्न हैं।

सहस्त्रार्जुन : होना भी चाहिए। मेरा नाम सहस्त्रार्जुन है। यज्ञ, दान, तप, विजय और विद्या के लिए मैं संसार में प्रसिद्ध हूँ। आश्रम तो आपका भी ठीक-ठाक है।

जमदग्नि : हम ऋषि-मुनियों के पास वैभव के नाम पर तप के अलावा क्या है? खुले वातावरण में साँस लेना मिल जाए, हमारे लिए तो यही भोग और यही विलास है।

सहस्त्रार्जुन : भोग और विलास क्या होता है, इसकी तो आप कल्पना भी नहीं कर सकते। यह तो हम राजाओं के ही भाग्य में लिखा होता है, और रहा प्रश्न तप का, तो आपको स्मरण करा दूँ···

रेणुका : जी, हमें स्मरण है कि आपके तप के कारण ही भगवान् दत्तात्रय ने आप पर कृपा की थी।

सहस्त्रार्जुन : देवी, उन्होंने कृपा नहीं की थी। हमने अधिकार से ली थी। एक नहीं, तीन वरदान हमने लिये थे उनसे। ऋषिवर याद है? सारा संसार इसकी गाथा गाता है।

जमदग्नि : मुझे याद है। आपका पहला वरदान था युद्ध में आपकी एक हजार भुजाएँ हो जाएँगी, जो हो गईं।

सहस्त्रार्जुन : इसीलिए संसार हमको सहस्त्रार्जुन के नाम से जानता है। मैं सहस्त्रार्जुन हूँ...दूसरा वरदान था कि मैं सारी पृथ्वी को जीत लूँ और तीसरा था, उस पर मेरा अधिकार भी रहे।

जमदग्नि : एक चौथा वरदान भी था, महाराज। कहीं आप भूल तो नहीं रहे हैं?

सहस्त्रार्जुन : हमें याद है। हमने माँगा था कि यदि हम सत्य मार्ग से भटक जाएँ तो कोई श्रेष्ठ पुरुष मुझे सही मार्ग दिखाएगा...कौन होगा वो...कौन होगा वो?...और सब तो दिख रहे हैं। आपका छोटा पुत्र नहीं दिखता? बहुत चर्चा होती है उसकी वन-जीवन में। अनेक लोगों ने मुझे उसके बारे में बताया है। कहाँ है वो? मैं मिलना चाहता हूँ। यह उचित अवसर होता, हम मिल लेते।

रेणुका : अभी तो पुष्कर तीर्थ गया है। राम नाम है उसका। अवश्य मिलेगा आपको उचित अवसर पर।

जमदग्नि : महाराज, चर्चाएँ तो बहुत हो गईं, अब आतिथ्य स्वीकार करें। भोजन-प्रसादी और विश्राम की सारी व्यवस्था आपकी गरिमा के अनुकूल की गई हैं। कृपया स्वीकार करें।

सहस्त्रार्जुन : ऋषिवर, इस आश्रम में हमारी गरिमा के अनुकूल क्या हो सकता है, इसकी आप कल्पना भी नहीं कर सकते? किंतु फिर भी आए हैं, तो जो भी आप सेवा करेंगे, हम उसे स्वीकार करेंगे। हम

सहस्रार्जुन हैं, निराश तो हम किसी को करते नहीं।

(आश्रम में भोजन आदि की व्यवस्था होती है और उधर दूसरे मंच पर प्रकाश आता है। नट-नटी का दृश्य)

ब्राह्मण नट : राजा का अहंकार तो देखो। एक ब्राह्मण ऋषि से किस अभद्रता से वार्त्तालाप कर रहा था। सत्ता पर बैठकर लोग असंयमित हो ही जाते हैं।

क्षत्रिय नट : पर कभी इस पर भी विचार होना चाहिए कि आखिर सत्ता और अधिकार में ऐसा होता क्या है कि अच्छे-अच्छे इस पर बैठकर भटक जाते हैं।

शूद्र नट : जो पहले अपने उपवास के लिए जाने जाते थे, वे सत्ता पर बैठकर डकारें ले-लेकर नहीं थकते। जिनका हर कदम ईमानदारी की ओर उठता था, वो बेईमानी के कालीन पर मेराथन करने लगते हैं। आखिर सत्ता में ऐसा होता क्या है?

वैश्य नट : अब पूछें किससे, जिन्हें सत्ता मिली नहीं है, वो बता नहीं सकते और जिन्हें मिल गई, वो बताना नहीं चाहते।

क्षत्रिय नटी : चलिए, छोड़िए सत्ता और अधिकार का चक्कर। आप तो यह बताइए कि भोजन करने के बाद आश्रम में क्या हुआ?

वैश्य नटी : राजा सहस्रार्जुन बातचीत से तो बहुत अहंकारी था, तो क्या उसको आश्रम की व्यवस्थाओं से

संतोष हुआ या भड़क गया?

ब्राह्मण नट : यही तो ब्राह्मण का चमत्कार और तप है।

वैश्य नटी : अब इसमें तप की क्या बात हुई?

क्षत्रिय नटी : और चमत्कार क्या हो गया?

ब्राह्मण नट : चलो, मैं सुनाता हूँ। महर्षि जमदग्नि को ऋषि वसिष्ठ ने एक बार 'कामधेनु' गाय सौंपी थी। कपिला नाम की यह गाय बड़े सुंदर अंग लिये थी। इसके माध्यम से सारे सुख-साधन, वैभव और संपत्ति सरलता से मनुष्य को प्राप्त हो जाते हैं। आश्रम में ऐसी व्यवस्था हो गई, जैसी राजमहलों में नहीं होती। चाँदी के पात्र, छप्पन भोग, एक से बढ़कर एक दिव्य व्यवस्थाएँ।

शूद्र नट : फिर तो राजा सहस्त्रार्जुन पूरी तरह से तृप्त हो गए होंगे?

ब्राह्मण नट : तृप्त से अधिक कुंठित हो गए। उन्होंने अपने मंत्रियों से कहा, पता लगाओ, ये सारी व्यवस्थाएँ आश्रम में कैसे हो गईं?

क्षत्रिय नट : तो क्या राजा को कामधेनु गाय के बारे में जानकारी मिल गई?

ब्राह्मण नट : हाँ, और उन्होंने अहंकार तथा आवेश में आकर ऋषि जमदग्नि के सामने प्रस्ताव रखा कि ऐसी कामधेनु, कपिला तो राजा की संपत्ति होनी चाहिए। ऋषि जमदग्नि, ये हमें दे दो।

शूद्र नट : ऋषि तो दयालु थे। कोई माँगे और न दें, ऐसा

कैसे हो सकता था?

ब्राह्मण नट : बात केवल एक गाय की नहीं थी, गौ माता की थी। कोई अपनी माँ कैसे किसी अहंकारी और दुराचारी राजा को दे दे।

क्षत्रिय नटी : फिर तो बात बिगड़ गई होगी? अहंकारियों को न सुनना तो पसंद होता ही नहीं है।

ब्राह्मण नट : बात बिगड़ी ही नहीं, युद्ध में बदल गई।

(हा-हाकार और युद्ध की आवाजें आती हैं। पीछे के परदे पर आश्रम में गायें दौड़ रही हैं। चीत्कार मच रही है। सहस्त्रार्जुन लूटमार करके सबको घायल छोड़कर कामधेनु ले गया। उजाड़ सा दृश्य है और परशुराम का प्रवेश होता है।)

□

दसवाँ दृश्य

परशुराम : माँ···पिताजी···आश्रम में यह अनाचार किसने किया? कौन है वह अत्याचारी?

जमदग्नि : बेटा, हम प्रतीक्षा ही कर रहे थे। तू कब लौटकर आए?

परशुराम : तो मैं लौट आया हूँ, पिताजी।

रेणुका : तू जब तक लौटकर आया बेटा, उसके पहले वह हमको लूटकर ले गया।

परशुराम : किसने किया यह कुकृत्य? किसने अपनी मृत्यु को आमंत्रण दिया?

रेणुका : राजा सहस्त्रार्जुन···

परशुराम : मुझे आशंका थी।

जमदग्नि : वह कामधेनु को बलात् ले गया। और जाते-जाते ऊँचे स्वर में बोल गया—क्षत्रिय जब हठपूर्वक, बलपूर्वक हरण करते हैं तो उसे पाप नहीं कहते।

रेणुका : और बेटा, हमारे पास सूचना है कि उसने जाते-

जाते बलपूर्वक लोमहर्षिणी का भी अपहरण कर लिया है।

परशुराम : सहस्रार्जुन भूल गया कि बल और युद्ध पर केवल क्षत्रियों का ही अधिकार नहीं है। जिस दिन ब्राह्मण की भुजाएँ फड़केंगी, उसका आवेश अँगड़ाई लेगा, उसका क्रोध काँपेगा, उस दिन समूचे क्षत्रिय वंश को मूल्य चुकाना पड़ेगा। एक राजा ने अपना राजसी गौरव खो दिया और वह प्रजा से अपेक्षा करे कि प्रजा अपने दायित्व को निभाए। अब तो हमारा एक ही दायित्व है, दुष्ट सत्ता को समाप्त करना। मुझे आशीर्वाद दीजिए।

जमदग्नि : राम, अपराध तो सहस्रार्जुन ने किया है, किंतु तुम धैर्य मत खोना बेटे। अवश्य जाओ, अपना अधिकार माँगो। हमें कामधेनु वापस मिल जाए तो लौट आना। पुत्र, 'युद्ध' जीवन का अंतिम विकल्प होना चाहिए। हम ब्राह्मण हैं, क्षमा हमारा गौरव है। अपने मूल स्वभाव से मत हट जाना, पुत्र।

परशुराम : पिताजी, इस अवसर पर मुझे आपका आशीर्वाद चाहिए, सीख नहीं। आप क्षमा कर सकते हैं, मेरे लिए अब इस दंड में क्षमा का कोई स्थान नहीं है।

जमदग्नि : पुत्र, क्रोध को नियंत्रित करो।

परशुराम : कब तक? इस अत्याचार को देखने के बाद अगर

किसी को क्रोध न आए तो धिक्कार है उसके पुरुषत्व पर।

जमदग्नि : पुत्र, मेरी बात समझो। क्रोध हमारा सेवक होना चाहिए, स्वामी नहीं। जिस दिन क्रोध स्वामी बनता है, अनर्थ हो जाता है।

परशुराम : पूज्य पिताजी, न तो इस समय मेरे पास समय है और न ही रुचि कि मैं आपसे विनम्रता, क्षमा, दया का ज्ञान प्राप्त करूँ। आप तो आशीर्वाद दीजिए। मैं विजय प्राप्त करूँ और सहस्त्रार्जुन की मृत्यु में ही मेरी विजय है।

(शीघ्रता से आश्रम से बाहर हो जाते हैं और उनके पीछे चारों भाई भी। मंच के दूसरे हिस्से पर युद्ध का दृश्य दिखता है। परशुराम की चुनौतीपूर्ण आवाज गूँजती है।)

परशुराम : सहस्त्रार्जुन, मैं भृगुवंशी ऋषि जमदग्नि पुत्र परशुराम तुझे पुकार रहा हूँ। मेरे स्वर में अपनी मृत्यु की वाणी को सुन ले। इस ब्रह्मांड में अब कोई नहीं है, जो तेरी रक्षा कर सके। योद्धा की तरह प्रकट हो जा, अन्यथा पशु की तरह खींचकर लाऊँगा।

सहस्त्रार्जुन : *(आवाज गूँजती है)* मैं चुनौती स्वीकार करता हूँ। लो, अब हम आमने-सामने हैं।

परशुराम : तुम्हें लज्जा नहीं आई। चंद्रवंश में तुम्हारा जन्म हुआ। महाज्ञानी मुनि दत्तात्रेय के तुम शिष्य हो।

ऐसा हीन कृत्य करते हो। तुमने अपने पूर्वजों की कीर्ति को कलंक लगा दिया। तुम कपिला गाय को लेकर आए हो, साथ में अपनी मृत्यु भी।

सहस्त्रार्जुन : जो मौन धारण करता है, वो मुनि होता है। इतनी बक-बक मत करो, परशुराम। ब्राह्मण हो तो ब्राह्मण के आचरण में रहो। बल, हरण, युद्ध के काम हम क्षत्रियों के हैं। हमारी दान-दक्षिणा से तुम्हारा जीवन चलता है। तुम हो क्या? जाओ, वैभव हमसे लो और उच्चारण मंत्रों का करो।

परशुराम : अहंकार मृत्यु का आमंत्रण है, राजा। बार-बार ब्राह्मण और क्षत्रिय जाति का नाम मत लो। मैं इस युद्ध को ब्राह्मण और क्षत्रिय का युद्ध नहीं बना रहा। यह युद्ध अधिकार, न्याय और धर्म का युद्ध है। राजा का काम प्रजा की रक्षा करना है। तुम आश्रम में लूटपाट मचा गए। हम शांति-परायण ब्राह्मण हैं। तुम्हारे कुकर्म ने हमें उकसाया है। यदि हमने अब भी शस्त्र नहीं उठाए तो भविष्य हमें कभी क्षमा नहीं करेगा।

(दोनों के बीच भीषण युद्ध होता है।)

सहस्त्रार्जुन : मेरी मृत्यु इतनी सरल नहीं है, परशुराम। मेरे शरीर पर मेरे तप से अर्जित किए हुए कई कवच हैं।

परशुराम : तुम्हें अपने तप पर बड़ा गर्व है। तुमने तो तपस्या

का भी अपमान किया है। तप किया जाता है पुण्य के लिए और तुमने तप से पाप का ढेर बनाया है। लो, यह मेरा त्रिशूल है, जो अमोघ है और यह मेरा परशु है, जिसमें सदैव शत्रुओं की मृत्यु का उद्घोष है। बस, तुम्हारी साँसें पूरी हुईं। यह मेरा प्रहार और तेरा अंतिम समय···

(उस प्रहार से कार्तवीर्य मृत्यु को प्राप्त हो जाता है। चारों तरफ नगाड़े बजने लग जाते हैं। परशुराम जय-जय के उद्घोष होने लग जाते हैं। धर्म जीता, सत्य जीता···)

□

ग्यारहवाँ दृश्य

(आश्रम में सूचना मिलती है, परशुराम विजयी होकर आ रहे हैं। सब प्रसन्न हैं। माता-पिता आरती उतारते हैं।)

जमदग्नि : पुत्र परशुराम, तुम्हारे साथ कपिला गाय को आता देखकर जीवन धन्य हो गया। हमें मालूम था, कपिला हमारी है और हमारी ही रहेगी।

रेणुका : तुमने आज बहुत बड़ी गौ-सेवा कर दी है।

जमदग्नि : लेकिन पुत्र, यह बताओ, सहस्रार्जुन ने इतनी सरलता से यह कामधेनु कैसे लाने दी?

रेणुका : मैं कहा करती थी न कि हमारा राम विद्वान् ऋषि भी है। आप हमेशा इसके भीतर क्रोध देखकर इसे क्षत्रिय कहा करते थे। जब इसने मंत्रोच्चार से सहस्रार्जुन को समझाया होगा, तो उसे मानना ही पड़ा होगा। कपिला गाय क्या इसके ब्राह्मण तेज के सामने तो वह अपना पूरा राज्य भी दे सकता है।

जमदग्नि : बहुत अनूठा कार्य किया तुमने। राजा को शिक्षा भी मिल गई और हमारा कार्य भी हो गया। कैसे लौटाई उसने तुम्हें कपिला? और कैसे दी तुमने उसको शिक्षा?

परशुराम : पिताजी, सहस्त्रार्जुन जैसे राजाओं की एक ही शिक्षा थी और वह है मृत्युदंड। मैंने युद्ध में उसे मार डाला। वह इस पृथ्वी पर बोझ था। उसका दुराचार बढ़ता जा रहा था। बात मात्र हमारे आश्रम की लूटमार की नहीं थी। आतंक और अपहरण उसकी वृत्ति बन गई थी। मैंने कुछ भी अनुचित नहीं किया। इस समय उसकी मृत्यु ही सबसे उचित कार्य था, जो मैंने कर दिया।

जमदग्नि : अरे पुत्र! ये तुम क्या कर गए? तुम वीर हो, लेकिन तुमने राजा का वध व्यर्थ ही कर दिया। हम ब्राह्मण इस संसार में इसीलिए पूजे जाते हैं कि हमारे पास तप है, मंत्र है, दया है और सबसे बड़ी बात क्षमा है।

रेणुका : परशुराम, तुम अपना इतिहास भूल गए। हम सबके दादा ब्रह्माजी हैं और उन्हें जो ब्रह्म पद प्राप्त है, वो क्षमा के बल से मिला है। हम ब्राह्मणों की शोभा जब सूर्य के समान चमकती है, तो संसार जान जाता है कि इसके पीछे क्षमा का तेज है।

जमदग्नि : एक राजा का वध ब्रह्म हत्या जैसा है। तुमसे

ब्रह्म हत्या हो गई है, पुत्र!

परशुराम : मैं नहीं जानता, सिर्फ मुझे इतना ज्ञात है कि उसने अपराध किया था। किसी के अधिकार को आतंक और अपराध से नष्ट करना कहाँ की नीति है? वह राजा था, अधिकार संपन्न था तो क्या सामान्य लोगों को नोंच खाएगा? अगर यह ब्रह्म हत्या है तो मुझे यह भी स्वीकार है।

जमदग्नि : स्वीकार तो करना ही पड़ेगा। नियति के नियम तर्कों से समाप्त नहीं किए जा सकते।

परशुराम : तो आप आज्ञा दीजिए, मुझे क्या करना चाहिए?

जमदग्नि : प्रायश्चित्त।

परशुराम : किस रूप में?

जमदग्नि : दो काम करो। तीर्थयात्रा करो और सदैव भगवान् का स्मरण करते रहो। इससे पाप से होने वाले संताप का सामना करने के लिए आत्मविश्वास जागेगा। पाप तो कभी किसी के नहीं धुलते। पाप किया है तो परिणाम मिलेगा। पुण्य किया है तो उसका भी फल मिलेगा। न पुण्य से पाप धुल सकता है, न ही पाप से पुण्य मिट सकता है। तुम तो वीर के साथ विद्वान् भी हो। दोनों चिंतन एक साथ करो और प्रस्थान कर जाओ।

परशुराम : मुझे स्वीकार है, आज्ञा दीजिए। किंतु अपने किए पर पछतावा नहीं है। आप जैसे महान् ऋषि की आज्ञा पालन करने में मुझे आनंद की अनुभूति

हो रही है बस, और सहस्त्रार्जुन जैसे दुष्ट को दिया गया दंड मुझे तृप्ति प्रदान कर रहा है···मैं चला।

(यहाँ एक गीत दिया जा सकता है, जिसके सहारे दृश्य बदला जाएगा। गीत के समापन पर पुनः एक बार आश्रम का दृश्य आएगा, जिसमें सहस्त्रार्जुन के पुत्र पुनः आक्रमण कर चुके थे। इसी उजाड़ माहौल में परशुराम का प्रवेश होता है।)

परशुराम : *(अपने भाइयों को देखकर)* भैया आज आश्रम इतना उदास और उजाड़ क्यों है? पिताजी के दर्शन क्यों नहीं हो रहे? आप लोगों के मुख पर इतनी मलीनता क्यों है? क्या हो गया है हमारे परिवार में? माँ कहाँ हैं?

बड़ा भाई : राम, तुम तीर्थ यात्रा क्या गए, यहाँ सबकुछ समाप्त हो गया। अनर्थ हो गया भाई। तुम्हारे जाने के पश्चात् सहस्त्रार्जुन का पुत्र जयध्वज सिंहासन पर बैठ गया था।

दूसरा भाई : सहस्त्रार्जुन का वध सुनकर हमारे पिताजी ने तुमसे पहला काम यह कराया कि तुम प्रायश्चित्त के लिए तीर्थयात्रा पर जाओ।

बड़ा भाई : और मृत सहस्त्रार्जुन के पुत्र जयध्वज ने पहला काम यह किया कि सैनिकों के साथ हमारे आश्रम पर आक्रमण कर दिया। ढूँढ़ने तो वह तुम्हें आए

थे, तुम उन्हें नहीं मिले तो उन्होंने···

परशुराम : क्या किया उन्होंने?

दूसरा भाई : राम, धैर्य से सुनो! पिताजी यज्ञशाला में बैठे थे। मंत्रोच्चार से यज्ञ हो रहा था। उन्होंने अचानक आक्रमण किया। पिताजी को यज्ञशाला से खींचा। उनकी जटाओं को पकड़कर उन्हें धरती पर रगड़ दिया। हम सब लाचार थे। माँ देख रही थी और देखते-ही-देखते उन्होंने धड़ से पिताजी का मस्तक अलग कर दिया। उन्होंने राजा सुदास और राजकुमारी लोमहर्षिणी का भी वध कर दिया।

बड़ा भाई : राम, जिसे तुम सुन नहीं पा रहे हो, उस दृश्य को हमने और माँ ने आँखों से देखा है।

(परशुराम गर्जना करते हैं)

परशुराम : पिताजी, मैंने कहा था न, यह राजा नहीं, नरभक्षी हैं, नराधम हैं, दुष्ट हैं, पापी हैं। इन्हें जीवित रहने का कोई अधिकार नहीं है···माँ···

रेणुका : पुत्र, सबकुछ समाप्त हो गया। तेरी अनुपस्थिति हम सबके लिए बहुत बड़ी विपत्ति लेकर आई। मैं विलाप करती रही और प्रतिशोध की परंपरा हमारे आँगन में उतर आई। सहस्रार्जुन के पुत्रों ने अक्षम्य अपराध कर डाला, बेटा। तुम्हारे पिता की न्याय और दंड में अटूट आस्था थी। वे राज-व्यवस्था का बहुत सम्मान करते थे। इसीलिए

उन्होंने तुमसे प्रायश्चित्त करवाया।

परशुराम : और उसके परिणाम में हमें क्या मिला? माँ, नियति का इससे बड़ा क्रूर व्यंग्य क्या हो सकता है कि एक शांत, उदार और दयावान तपस्वी के साथ यह भ्रष्ट, दुराचारी राज व्यवस्था ऐसा व्यवहार कर जाए। कोई नहीं बचेगा···

बड़ा भाई : जानते हो राम, उन्होंने आश्रम पर किस तरह से आक्रमण किया। हम लोग बिल्कुल भी सावधान नहीं थे। अरे, श्वान भी श्वान पर आक्रमण करता है तो एक बार गुर्राता अवश्य है। उसे सावधान करता है, मौका देता है। ये अनाचारी लोग तो एक पवित्र आश्रम में आतंकियों की तरह प्रवेश कर गए और मनुष्यता को कलंक लगा गए।

(माँ रेणुका रोती हैं। वे बार-बार अपने हाथ को धरती पर पटकती हैं।)

परशुराम : माँ, विलाप न करिए। आपके अश्रु अब व्यर्थ नहीं जाने चाहिए। यह रुदन का अवसर नहीं है। अब तो आँख में आँसू हमारे शत्रुओं को और उनके परिवार वालों को ही आएँगे। मुझे जानकारी है पिताजी की मृत्यु पर आपने 21 बार विलाप से इस धरती पर अपने हाथ पटके थे। आपका पुत्र परशुराम शपथ लेता है कि मैं एक बार नहीं, इक्कीस बार इस पृथ्वी को क्षत्रिय विहीन कर दूँगा।

(नगाड़ों की गूँज उठती है। ऐसा लगता है, जैसे समूची प्रकृति को सूचना मिल गई। पृथ्वी काँप उठी।)

रेणुका : पुत्र, तुम्हारे आवेश को मैं समझ सकती हूँ, क्योंकि तुम मेरे दुख को समझ रहे हो। बेटा, जिसने तुम्हारे पिता का वध किया है, उनको मृत्युदंड तुम दो। यह तो समझ में आता है, लेकिन इसके लिए समूची पृथ्वी के राजाओं का वध करना, क्या यह उचित होगा?

परशुराम : माँ, इस आश्रम के बाहर का जो संसार है, आप उससे परिचित नहीं हैं। इन क्षत्रिय राजाओं के अत्याचार से चारों ओर हाहाकार मचा हुआ है। कोई सुरक्षित नहीं है, न गाय, न ब्राह्मण, न साधु और न ही स्त्री। हम कब तक सहेंगे। मेरे पिता का यह देवलोकगमन व्यर्थ नहीं जाएगा।

(और परशुराम चल देते हैं। इक्कीस बार पृथ्वी को क्षत्रिय विहीन करने के लिए घोर युद्ध होता है। दृश्य नट-नटी पर आता है।)

□

बारहवाँ दृश्य

क्षत्रिय नट : कितना भीषण युद्ध हुआ होगा? कोई नहीं बचा होगा। क्या यह ठीक हो रहा था?

ब्राह्मण नट : ठीक तो वह भी नहीं था, जो क्षत्रिय राजाओं द्वारा किया गया था। अब कौन रोक सकता था परशुरामजी को? उनके पास अनेक शक्तियाँ आ चुकी थीं। क्षत्रिय राजाओं ने भी कमर कस ली थी। उन्होंने घोषणा कर दी थी कि हर क्षत्रिय एक सहस्त्रार्जुन बन जाए, परशुराम का सामना करने।

क्षत्रिय नट : क्या यह युद्ध परशुराम आसानी से जीत गए?

ब्राह्मण नट : नहीं, इसमें भी छल-कपट हुए। युद्ध तो युद्ध होता है।

क्षत्रिय नटी : हमें आभास है, युद्ध कितना भयंकर हुआ होगा। अब युद्ध की बात अधिक न करें। यह बताइए, उसके बाद क्या हुआ?

ब्राह्मण नट : पृथ्वी पर कुछ समय के लिए सुख-शांति, समृद्धि,

सौहार्द छा गया। परशुरामजी का उज्ज्वल यश और तप सारे संसार में प्रकट हो गया। सब उनकी जय-जयकार करने लगे।

वैश्य नटी : कितना रक्तपात हुआ होगा? बाद में छूटा क्या?

ब्राह्मण नट : एक घटना और घटी। परशुरामजी ने मारे गए उन राजाओं के रक्त से कुरुक्षेत्र में पाँच तालाब बना दिए। बाद में इसी स्थान को भगवान् श्रीकृष्ण ने महाभारत के युद्ध के लिए चुना था। 18 दिन का महाभारत का युद्ध यहीं पर हुआ था।

क्षत्रिय नटी : इस संहार के बाद क्या परशुरामजी को शांति मिल गई?

ब्राह्मण नटी : देवी, जीवन में कुछ युद्ध ऐसे होते हैं, जहाँ हारनेवाला तो हारता है, लेकिन जीतनेवाला भी हार जाता है। परशुरामजी का मन अशांत हो गया। मूल रूप से था तो एक ब्राह्मण का मन। वे इस बात के लिए दुखी थे कि मनुष्य दुष्ट हो क्यों जाता है। जब मानव की देह मिली है तो सत्कर्म ही किया जाए। इन्हीं विचारों में वे डूबे हुए थे और उनकी भेंट ब्रह्माजी से हुई।

□

तेरहवाँ दृश्य

(परशुराम ध्यानमग्न बैठे हुए हैं। ब्रह्माजी प्रकट होते हैं। दोनों की बातचीत होती है।)

परशुराम : पितामह, मेरा प्रणाम स्वीकार करिए। आप बहुत अच्छे समय पर आए हैं। मैं अपने प्रश्नों का समाधान किससे करूँ? इस बात के लिए विचलित हूँ।

ब्रह्मा : कहो पुत्र, इस विश्वविजय के पश्चात्, इतनी बड़ी सफलता अर्जित करने के बाद सारे संसार में हो रहे यशगान को सुनकर भी विचलित हो।

परशुराम : पितामह, आप सब जानते हैं। उपलब्धियाँ सदैव शांति नहीं पहुँचाती। हम श्रेष्ठ हैं और दूसरे हमसे नीचे हैं, उपलब्धियाँ मात्र इनका आभास कराती हैं। मैं कभी शस्त्र नहीं उठाता, लेकिन क्या करूँ, सहन करने की एक सीमा होती है।

ब्रह्मा : एक बात तो मन से निकाल दो कि तुमने कोई अपराध किया है। यह कृत्य ही ऐसा था, जो

अपने साथ अशांति लेकर आएगा। युद्ध की हिंसा कहीं तो चीखेगी। इस समय उसने अपना स्थान तुम्हारा हृदय बना लिया है। देखो, माता-पिता से बढ़कर कोई नहीं होता। तुमने उनकी रक्षा के लिए शस्त्र उठाए थे। तुम्हारा दायित्व था। फिर तुमने अपने सामाजिक कर्तव्य को भी बहुत अच्छे से निभाया।

परशुराम : जब इतना सब श्रेष्ठ किया तो फिर अशांति क्यों?

ब्रह्मा : इन सब प्रश्नों का उत्तर एक ही व्यक्तित्व के पास होता है, और वो हैं गुरु। तुम्हें अपने गुरु के पास जाना चाहिए। जीवन में जब भी अशांति हो, इधर-उधर मत भटको। सीधे अपने गुरु के पास जाओ। गुरु और शिष्य के रिश्ते में शांति का स्थायी वास होता है। तुम्हारे गुरु शिवजी हैं। जाओ और सुनो, गुरु मंत्र का निरंतर जप करते हुए जाओ।

परशुराम : मुझे स्मरण आ गया। माँ और पिताजी कहा करते थे अशांत व्यक्ति के लिए गुरुमंत्र सबसे बड़ी ओषधि है। आज्ञा दीजिए पितामह, मैं गुरुदेव भगवान् शंकर के पास कैलाश पर्वत पर जा रहा हूँ।

□

चौदहवाँ दृश्य

(कैलाश का दृश्य। भगवान् शंकर की स्तुति गूँज रही। चारों ओर शिवजी के गण घूम रहे थे।)

परशुराम : आहा, आनंद आ गया! गुरु के स्थान पर आने से ही ऐसी अनुभूति हो जाती है, जैसे बैकुंठ में आ गए। कैलाश के रज-रज और कण-कण में सचमुच शिवजी विराजे हैं। अभी अनुभूति ऐसी है तो दर्शन के बाद तो और आनंद आ जाएगा।

(परशुरामजी उस स्थान पर पहुँचते हैं, जहाँ शिव-पार्वतीजी का कक्ष है। बाहर उन्हें रोका जाता है।)

सेवक 1 : मुनिवर, क्षमा-याचना के साथ पूछना चाहता हूँ, अपना परिचय दीजिए। आप अंत:पुर के इतने निकट तक कैसे आ गए?

परशुराम : सोचो सेवक, जब मैं इतना निकट आ सकता हूँ, तो फिर निकट का ही कोई व्यक्ति हूँ। मुझे कैलाशपति भगवान् शंकर, मेरे गुरुवर, मेरे ईष्ट

परमात्मा शिव के दर्शन करना है।

सेवक 2 : मुनिवर, अन्यथा न लें। इसके लिए पूर्व अनुमति लेनी होगी।

परशुराम : जिन्हें अनुमति देनी है, वे बिना अनुमति ही प्रवेश पर मुझे देखकर प्रसन्न हो जाएँगे। आप हटिए, मुझे मार्ग दीजिए।

सेवक 1 : क्षमा चाहते हैं, यह अधिकार हमें नहीं है। यहाँ की रक्षा का दायित्व जिन पर है, आपको उनसे आज्ञा लेनी पड़ेगी।

परशुराम : मुझे आज्ञा लेनी पड़ेगी, किनसे? किन पर है यहाँ की रक्षा का दायित्व? कौन है वो···?

(इसी के साथ गणेशजी का प्रवेश होता है। संगीत और पूरे प्रभाव के साथ गणेशजी मंच पर आते हैं।)

गणेश : मैं हूँ···गणेश नाम है मेरा। यहाँ की व्यवस्था का दायित्व मेरे पास है। इस समय भगवान् शंकर और माँ पर्वती शयन कर रहे हैं। सेवकों ने जो स्थिति आपको बताई है, उसका आप पालन करिए।

परशुराम : गणेशजी, शिव-पार्वती पुत्र···मेरा भी परिचय सुनिए। मैं भी उन्हीं का पुत्र हूँ। परशुराम नाम है मेरा।

गणेशजी : आप इनके पुत्र? नाम तो आपका सर्वविदित है। ख्याति आपकी कैलाश तक आ चुकी है। हम

स्वागत भी करते हैं, किंतु आप…पुत्र…?

परशुराम : और नहीं तो क्या? शिष्य अपने गुरु का पुत्र ही होता है। आज गुरु के द्वार पर एक शिष्य खड़ा है। उनके दर्शन की बहुत तीव्रता है। कोई भी बाधा मैं सहन नहीं कर पाऊँगा। चाहे ये सेवक हों या आप…अविलंब मेरे प्रवेश की व्यवस्था की जाए।

गणेश : देखिए ऋषिवर, आपके आवेश और तीव्रता की तो चर्चा सारे ब्रह्मांड में हो रही है। कम-से-कम कैलाश पर तो इसे विसर्जित कर दीजिए। थोड़ा धैर्य और शांति से रहिए। इस समय प्रभु और माता पार्वतीजी अंत:पुर में विश्राम कर रहे हैं। अंदर प्रवेश करना दोषपूर्ण होगा।

परशुराम : व्यवस्था के नाम पर यह तो वाक्‌युद्ध सा आरंभ हो गया है। आप शिव पुत्र हैं, मैं आपका सम्मान कर रहा हूँ और आप मेरी भावना को नहीं समझ रहे हैं। यह आपका राज-अहं है।

गणेश : और ऋषिवर, मुझे लगता है, आप भी सात्त्विक अहंकार में डूबे हुए हैं।

परशुराम : मेरे ऊपर व्यर्थ की टिप्पणी न करें। मुझे अपने गुरु से मिलने के लिए आप लोगों की आज्ञा लेनी पड़ेगी? मुझे तो लगने लगा है, आप क्षत्रिय राजाओं जैसी भाषा बोल रहे हैं और जब भी मैं किसी के मुँह से इस तरह के शब्द सुनता हूँ,

मेरा परशु फड़क उठता है।

गणेश : ऋषिवर, शस्त्रों का भय यहाँ न दिखाएँ। अपना परशु नियंत्रण में रखें और अपनी वाणी को भी। आगे न बढ़ें···आगे न बढ़ें। आप सीमाएँ लाँघेंगे तो हमारी ओर से भी बल प्रयोग होगा।

परशुराम : इस तरह के व्यवहार को परशुराम युद्ध ही मानता है···

(गणेशजी और परशुरामजी लगभग आमने-सामने हो जाते हैं। युद्ध जैसी स्थिति निर्मित हो जाती है। दोनों अपने-अपने शस्त्र उठा लेते हैं। शोर होने लगता है)

गणेश : आज आपको शिक्षा मिल जाएगी, कैलाश पर कैसा आचरण किया जाता है?

परशुराम : मुझे आचरण सिखाने वाले सब ब्रह्मलोक सिधार गए। इक्कीस बार मैंने···कहीं ऐसा न हो यह क्रम 22वाँ हो।

(इसी बीच कार्तिकेयजी का प्रवेश हो जाता है।)

कार्तिकेय : अरे, मुनिवर रुकिए, रुकिए···!

परशुराम : ओह, तो एक-एक करके अन्य योद्धा बुलाए जा रहे हैं।

कार्तिकेय : मुझे योद्धा न समझें, मैं कार्तिकेय हूँ, गणेश का भाई। हम दोनों भाई आपसे निवेदन कर रहे हैं, कृपया प्रतीक्षा करें, मर्यादा का पालन करें।

परशुराम : मर्यादा आप तोड़ें और पालन का ज्ञान हमें दे रहे

हैं। आपने एक शिष्य की आस्था पर प्रहार किया है। इनके अहंकार को तो मैं आज चूर-चूर करके रहूँगा।

(और परशुरामजी गणेशजी पर आक्रमण करके उन्हें धक्का देते हैं। लड़खड़ाकर गणेशजी गिरने जैसे हो जाते हैं और इसके बाद युद्ध आरंभ हो जाता है। युद्ध बहुत भीषण होता है। इसे प्रतीकात्मक दृश्यों द्वारा दिखाया जा सकता है। गणेशजी अपनी सूँड़ में परशुरामजी को लपेट लेते हैं।)

कार्तिकेय : अरे गणेश! यह क्या कर रहे हो। ऋषि परशुराम को यों चक्कर न कटवाओ।

गणेश : भैया, मैं इन्हें इसलिए घुमा रहा हूँ कि आज ये सातों द्वीप, सातों पर्वत, भूलोक, पाताल, वैकुंठ सभी के दर्शन कर लें। लो, और मैं इन्हें समुद्र में फेंकता हूँ।

कार्तिकेय : अरे भैया, यों समुद्र में न पटको, निकालो इन्हें।

गणेश : लीजिए, आपका कहा मानता हूँ। समुद्र से निकालकर अब मेरी सूँड़ इन्हें देव-दर्शन कराएगी। इक्कीस बार इन्होंने पृथ्वी क्षत्रियों से विहीन की है। जब युद्ध होता है तो सारे नियम ताक में रख दिए जाते हैं। इन्हें संभवतः ज्ञात न हो, इनके इस संहार में कई गर्भवती स्त्रियों के भ्रूण की भी हत्या हो गई थी। आज मैं यह दंड

देकर इन्हें इस पाप से मुक्ति ही दिला रहा हूँ।

कार्तिकेय : बस भाई, बस। ऋषि से युद्ध करो, लेकिन उनका अपमान मत करो। मुक्त करो उन्हें।

गणेश : आप कहते हैं तो लीजिए, मुक्त किया।

कार्तिकेय : अरे, यह तो मूर्च्छित हो गए।

(परशुराम थोड़ी देर बाद स्वयं उठकर खड़े होते हैं।)

परशुराम : जो आपने किया, वह उचित नहीं हुआ। आपने मेरे भीतर के योद्धा की सीमा से पार जाकर परीक्षा ले ली। मैं मेरे गुरु भगवान् शंकर के दुर्लभ स्तोत्र का स्मरण करता हूँ। अब आप देखिए, मेरे गुरु के कवच का प्रभाव। यह मेरा परशु अपने तेज में शिव समान है। यह मुझे मेरे गुरु ने ही प्रदान किया है। लीजिए, अब यह परशु आपको शिक्षा देने के लिए शस्त्र बनकर आ रहा है। सँभाल सको तो सँभाल लो।

गणेश : ओह, यह अमोघ अस्त्र यदि व्यर्थ चला गया तो पिता शिवजी का अपमान हो जाएगा। मुझे इसका मान रखना ही होगा। अपने बाएँ दंत से इसे ग्रहण करने के अलावा अब कोई मार्ग नहीं दिखता।

(परशु का प्रहार गणेशजी के बाएँ दाँत पर होता है और वे गिर जाते हैं। हा-हाकार मच जाता है। उस धमाके को सुनकर शंकर-पार्वतीजी बाहर

आ जाते हैं। सब लोग खड़े हैं। पार्वतीजी गणेशजी को सँभालती हैं।)

पार्वती : यह अपराध जिस किसी ने किया है, वह मेरे कोप का भागी बनेगा।

शंकर : देवी, धैर्य रखो! पहले घटना की जानकारी तो प्राप्त करें।

पार्वती : इसमें जानकारी जैसी कोई बात नहीं है। मैं जान गई हूँ, एक तरफ आपके ये शिष्य परशुराम खड़े हैं और दूसरी ओर आहत मेरा पुत्र गणेश। आप गुरु के रूप में धैर्य रखिए, लेकिन मैं माँ के रूप में अधीर हूँ। मुझे निर्णय चाहिए।

शंकर : निर्णय होगा। यह सब हमारे ही बच्चे हैं।

पार्वती : तो फिर आप भेद क्यों कर रहे हैं। गणेश अपना दायित्व निभा रहा था, इन्हें प्रतीक्षा करनी थी। *(पार्वतीजी परशुरामजी को देख रही थीं। परशुराम उस समय माँ पार्वती की बात को अनसुनी करते हुए अपने परशु को साफ कर रहे थे।)*

पार्वती : बस, अब मेरी सहनशक्ति मेरा साथ नहीं दे रही। इस परशुराम को इसका दंड भुगतना पड़ेगा। *(माँ पार्वती रौद्र रूप में आ गईं। परशुराम हाथ जोड़कर खड़े हो गए और उसी समय वामन रूप में भगवान् विष्णुजी प्रकट होते हैं। एक आकाशवाणी होती है।)*

आकाशवाणी (वामनरूप हरि की आवाज) : देवी पार्वती! शिष्य पुत्र ही होता है। इस समय कार्तिकेय, गणेश और परशुराम आप दोनों की ही संतानें हैं। जो घटना घटी है, वह अप्रिय है, लेकिन क्षम्य भी। इस बालक को क्षमा कर दो देवी। परशु के प्रहार से गणेश का एक दंत टूटा है, आज से संसार इन्हें 'एकदंत' के नाम से भी जानेगा और परशुराम तुम्हें इन माता-पुत्र से क्षमा माँगना चाहिए। परशुराम, तुम्हारे आराध्य श्रीकृष्ण हैं और गणेश उन्हीं का रूप हैं।

(परशुराम क्षमा माँगते हैं। भगवान् शंकर के पास जाते हैं और उनका वार्त्तालाप आरंभ होता है।)

परशुराम : गुरुवर प्रणाम, प्रभु मैं आपके दर्शनों के लिए आया था। मेरे जीवन का समस्त घटनाक्रम आप जानते हैं। इतनी बड़ी सफलता प्राप्त करने के बाद भी मेरा मन बहुत अशांत है। गुरुवर, समझ नहीं आता, ऐसा क्यों हो गया?

शंकर : परशुराम, तुम सही समय पर सही स्थान में आ गए हो। गणेश से तुम्हारी भेंट व्यर्थ नहीं जाएगी। जानते हो, गणेश विवेक के देवता हैं और तुम खूब शिक्षित, ज्ञानी हो। तुमने आश्रम में रहकर सारी शिक्षाएँ प्राप्त की हैं, लेकिन शिक्षा जब तक विवेक से न मिले, विद्या में नहीं बदलती।

परशुराम : गुरुवर, शिक्षा और विद्या में अंतर है?

शंकर : हाँ, परशुराम। शिक्षा जीवन की बाहरी जानकारी देती है और विद्या भीतरी अनुभूति कराती है। शिक्षा तो संस्थानों, गुरुकुलों में प्राप्त हो सकती है, पर विद्या का आरंभ मौलिक चिंतन से होता है। शिक्षा मात्र विचार देती है और विद्या विचार को आचार से जोड़ देती है। आज तुम्हारी अशांति का कारण तुम्हारा आचार ही है।

परशुराम : मैंने कभी अनुचित आचार नहीं किया। अपने आचरण को सदैव शुद्ध रखा है।

शंकर : बात शुद्ध और अशुद्ध की नहीं हो रही, परशुराम। विद्या कहती है, थोड़ा संयम साधें, लेकिन संतुलन के साथ। तुमने अपनी प्रतिज्ञा को पूरा करने में कहीं-कहीं संतुलन खो दिया। तुम्हारे सामने सहस्त्रार्जुन था। उसके पास भी शिक्षा की कमी नहीं थी।

परशुराम : लेकिन उसने शिक्षा को लूट और शोषण का माध्यम बना लिया था। शिक्षा से वह अपनी सत्ता को भोग और अपने खजाने को धन से भर रहा था, लेकिन उसका व्यक्तित्व खोखला था।

शंकर : यही बात मैं तुम्हें सिखाना चाहता हूँ कि विवेकशून्य शिक्षा ऐसे ही दुष्परिणाम देगी। आज गणेश से मिलकर और जुड़कर तुम्हें विद्या की अनुभूति होगी।

परशुराम : तो मुझे आज्ञा दीजिए, क्या करना चाहिए?

शंकर : कार्य तो तुमने ब्राह्मण स्वभाव के विपरीत किया है। कर्तव्य तो पूरा निभाया, लेकिन जो मार्ग अपनाया, उसके परिणाम में अशांति मिलनी ही थी। तुमने स्वयं राज्य प्राप्त नहीं किया, लेकिन कई राज्य मिटा भी दिए। यह सब माया है। तुम्हें लगता है, तुमने दुष्ट राजाओं को मिटा दिया। न कोई किसी को बना सकता है, न मिटा सकता है। इसी को माया कहते हैं। तुम कहीं-न-कहीं माया से घिर गए हो।

परशुराम : तो मुझे युक्ति बताएँ। मैं कैसे इस माया से मुक्त हो जाऊँ?

शंकर : जब किसी कर्म से अशांति पैदा हो जाए, तो एक ही तरीका है, उस कर्म से भी बड़ा कोई सत्कर्म किया जाए। कोई शुभ और कल्याण का कार्य किया जाए। धरती राजाविहिन हो चुकी है। जाओ, ऋषि कश्यप को अपना पुरोहित बनाओ और अश्वमेध यज्ञ पूर्ण करो। एक वर्ष तक इस यज्ञ को करना। परिणाम तुम्हें भी मिलेंगे और सारी प्रकृति को भी।

परशुराम : जो आज्ञा।

(दृश्य बदलता है। दूसरे मंच पर नट-नटी की वार्त्ता)

□

पंद्रहवाँ दृश्य

क्षत्रिय नटी : ओह, तो परशुरामजी जैसे समर्थ व्यक्ति को भी अशांति घेर लेती है? मैं तो समझती थी, जिन्होंने 21 बार पृथ्वी को क्षत्रिय विहीन किया हो, उनको क्या कभी कोई परेशानी हो सकती है?

ब्राह्मण नट : बस देवी, यही तो परमात्मा का खेल है, उसकी लीला है।

वैश्य नटी : अच्छा अब बताइए। परशुरामजी ने फिर क्या किया? मुझे जिज्ञासा हो रही है। उन्होंने शांति कैसे प्राप्त की?

वैश्य नट : और क्या, आजकल हम सभी इस बात को लेकर परेशान हैं कि सुख की कोई कमी नहीं है। पद है, प्रतिष्ठा है, लेकिन फिर भी दिल है कि मानता नहीं है।

क्षत्रिय नट : और नहीं तो क्या! हम जितने यहाँ बैठे हैं, सभी भीतर से कहीं-न-कहीं अशांत हैं। कोई किसी से कहता नहीं है। मुखौटा ओढ़कर जीने में हम

सब माहिर हो गए हैं।

शूद्र नट : तो चलो, इनसे सुनें, शांति के सूत्र परशुरामजी को कहाँ उपलब्ध हुए? क्या किया उन्होंने, बताइए, ब्राह्मण देवता।

ब्राह्मण नट : गुरु की आज्ञा पाकर अश्वमेध यज्ञ किया। पुरोहित बनाया ऋषि कश्यप को। यज्ञ का परिणाम आया। जो अराजकता राजाओं के मरने से फैली हुई थी, वह यज्ञ के प्रभाव से धीरे-धीरे समाप्त होने लगी।

क्षत्रिय नटी : आज के विज्ञान के युग में आप कैसी बात कर रहे हैं? यज्ञ से भी वातावरण बदलता है?

ब्राह्मण नट : देवी, यज्ञ को अग्नि की सामान्य घटना न समझें। यज्ञ में जो समिधाएँ डलती हैं, जिन मंत्रों का उच्चारण होता है, उनका प्रभाव मनुष्य की मानसिकता पर पड़ता है। तरंगों को तो विज्ञान भी मानता है और मंत्र का प्रभाव मनुष्य के आचरण को बुरे से अच्छे की ओर ले जाता है।

वैश्य नटी : तो परशुरामजी का क्या हुआ?

ब्राह्मण नट : उन्हें ऋषि कश्यप ने समझाया कि आपने सारी पृथ्वी जीत ली है। सत्ताएँ आपके नियंत्रण में हैं, लेकिन राजा कैसा भी हो, सत्ता के दुर्गुण उसमें आएँगे ही। इसलिए पुरोहित के रूप में मेरा आदेश है कि परशुरामजी, आप यह क्षेत्र छोड़कर कहीं और चले जाएँ। परशुरामजी महेंद्र पर्वत भेज

दिए गए। उनके जाने के बाद कश्यपजी ने वो सारी पृथ्वी ब्राह्मणों को दान में दे दी।

वैश्य नट : इतना सब होने के बाद परशुरामजी के हाथ कुछ नहीं लगा?

वैश्य नटी : अरे, यह कोई सौदा नहीं है कि हानि-लाभ का हिसाब रखा जाए।

ब्राह्मण नट : और नहीं तो क्या? सत्ता पर व्यक्तिगत अधिकार के लिए परशुरामजी ने युद्ध किया भी नहीं था। आत्म-विज्ञापन से वे दूर थे। जो आता गया, उसे देते गए। एक बार तो महेंद्र पर्वत पर कंस भी पहुँचा था। उसे परशुरामजी ने अपना दिव्य धनुष दे दिया था और कहा था, जो इसे तोड़ेगा, वह तेरी मृत्यु का कारण बनेगा। कृष्णजी ने मथुरा प्रवेश पर रंगशाला में उसी धनुष को तोड़ा था।

क्षत्रिय नट : कैसा योग है? परशुरामजी से संबंधित दोनों धनुषों को दोनों प्रमुख अवतारों के हाथ से टूटना था। एक को श्रीराम ने भंग किया, तो दूसरा कृष्णजी के हाथों टूटा। बड़ी निराली लीला है ऊपर वाले की।

क्षत्रिय नटी : अपने एकांतवास में फिर परशुरामजी क्या करते होंगे?

ब्राह्मण नट : आत्मचिंतन। उनका यह महत्त्वपूर्ण आत्म-विश्लेषण हमारे बड़े काम का है। चलो, ध्यान लगाकर सुनते हैं। याद करो, हमने अपने वार्त्तालाप

का आरंभ इसी दृश्य से किया था।

वैश्य नटी : यानी फिर से फ्लेशबैक?

ब्राह्मण नट : आप जो भी समझें, लेकिन अभी एकाग्रता से सुनें। महान् लोग कैसे आत्मचिंतन करते हैं।

(पहले जैसा दृश्य, जिसमें परशुराम का व्यक्तित्व और अस्तित्व दो रूपों में बात करता है।)

□

सोलहवाँ दृश्य

अस्तित्व (आत्मा) : राम···अरे, मैं तो भूल ही गया था। राम से तो तुम कब के परशुराम बन चुके हो। कितनी लंबी यात्रा पूरी की है तुमने!

व्यक्तित्व (मुख्य पात्र) : हाँ, जीवन के सारे दृश्य एक-एक करके मानस-पटल पर आ चुके हैं।

अस्तित्व : रघुवंशी राम से मिलकर आ रहे हो। जनकपुर में तुम्हारी सीधी बातचीत हुई थी उनसे। अब क्या सोच रहे हो?

व्यक्तित्व : एक बार तो विचार आता है कि मेरे बाद रघुवंशी राम का अवतार क्यों हुआ? क्या मेरा कोई कार्य अधूरा छूट गया था? परशुराम के बाद मर्यादा पुरुषोत्तम राम क्यों आए?

अस्तित्व : ठीक समय पर गंभीर प्रश्न उठा लिया तुमने। याद करो, तुमने तो सारी धरती दान कर दी और वह भी ब्राह्मणों को।

व्यक्तित्व : तो इसमें क्या अनुचित था?

अस्तित्व : बात अनुचित की नहीं, उपयोगिता की है। ब्राह्मण राजकर्म कर नहीं सकते थे। प्रजापालन और दुष्टदलन का कार्य राजा ही कर सकते थे। नतीजा यह हुआ कि अराजकता फैल गई। कृषिकार्य बंद हो गए, व्यवसाय ठप्प हो गए। दंड नीति न होने के कारण अपराध बढ़ गए, और इस सबके कारण पृथ्वी अकुला गई।

व्यक्तित्व : लेकिन इस सबमें मेरा क्या दोष?

अस्तित्व : परशुराम, दोषमुक्त तो नहीं हो पाओगे, क्योंकि आपने एक समस्या निपटाई दुष्ट राजाओं की, तो प्रजा दुष्ट हो गई। कुल मिलाकर अनाचार बना रहा। दुष्ट क्षत्रिय समाप्त हुए, तो उससे भी बड़ा दुष्ट राक्षस रावण सक्रिय हो गया।

व्यक्तित्व : रावण···

अस्तित्व : क्यों, इस नाम को सुनकर चौंक गए। यह तो तुम्हारा भक्त था और गहराई में जाकर सोचो तो ब्राह्मण भी था। क्षत्रिय दुष्ट हुए तो तुमने परशु उठा लिया और इस ब्राह्मण ने मर्यादा तोड़ी तब तुम मौन रह गए?

व्यक्तित्व : तो क्या मुझे पुनः···?

अस्तित्व : इसी में उत्तर समाया है। रघुनंदन श्रीराम इसीलिए आए हैं। भूमिका वे तुम्हारी ही निभाएँगे, लेकिन उनका कार्य करने का तरीका अपना होगा।

व्यक्तित्व : परंतु ब्राह्मणों का और पृथ्वी का क्या होगा? मुझे यह चिंता खाए जा रही है।

अस्तित्व : चिंता न करो। कश्यपजी ने सारी व्यवस्था कर दी है। उन्होंने पृथ्वी को बताया कि बहुत सारे क्षत्रियों को स्त्री वेश में छिपाकर रखा गया था। महर्षि पाराशर ने भी सौदास पुत्रों की जान बचाई थी। एक ऋषि परशुराम क्षत्रियों का समापन कर रहा था, तो तुम्हारे ही समान अन्य ऋषियों ने कुछ क्षत्रियों को बचा भी लिया था।

व्यक्तित्व : ओह, तो पुनः क्षत्रियवंश स्थापित होगा?

अस्तित्व : हाँ, क्योंकि राजधर्म उन्हीं का कार्य है, किंतु इस बार वे पतित नहीं होंगे, क्योंकि··

व्यक्तित्व : उन्हें परशुराम और परशुराम का यह परशु याद रहेगा।

अस्तित्व : तो चलो परशुराम, प्रतिशोध की इस धारा को अब सुखा दो। तुम ब्राह्मण और उससे भी बढ़कर भक्त हो। ब्राह्मण भक्त की ऊर्जा की धारा जब बाहर बहती है वह समाज और राष्ट्र के लिए सद्कार्य करती है और जब भीतर बहती है तो समाधि बन जाती है। याद करो, मर्यादा पुरुषोत्तम ने जनक की यज्ञशाला में तुमसे यही तो कहा था कि तुम्हारे रुके हुए अधूरे काम अब मैं पूरा करूँगा··

व्यक्तित्व : मुझे पूर्ण विश्वास है कि वे अवश्य करेंगे और

बहुत ही अच्छे ढंग से करेंगे। रघुवंशी राम जो करेंगे भविष्य में संसार के लिए आदर्श बन जाएगा।

(यहीं से दृश्य नट-नटी पर आता है)

क्षत्रिय नट : सचमुच, परशुरामजी ने न्याय और दंड की नई गाथा रची थी।

ब्राह्मण नट : इसीलिए तो हम आज के दिन उन्हें याद कर रहे हैं। यह अक्षय तृतीया का दिन इसी कारण तो पवित्र तिथि है। त्रेतायुग का आरंभ भी इसी दिन हुआ था।

(सन् 2015 में यह तिथि 21 अप्रैल, परशुराम जयंती के रूप में मनाई जाएगी)

वैश्य नट : वैशाख मास है ही दिव्य। तृतीया तिथि को परशुरामजी का जन्म हुआ। पंचमी को शंकराचार्यजी का अवतार हुआ। छठवीं तिथि को रामानुजाचार्य जयंती मनाई जाती है। ये वैष्णवों के प्रमुख आचार्य हैं।

वैश्य नटी : अरे, ठहरो-ठहरो! सारी तिथियाँ आप ही बता दोगे। एक तिथि मेरे पास भी है। इसी माह की नवमी तिथि को जानकीजी का प्राकट्य हुआ।

ब्राह्मण नट : चलिए, आगे की विशेष तिथियाँ मैं गिना देता हूँ। त्रयोदशी को भगवान् नृसिंह का अवतार, चतुर्दशी को कूर्म अवतार हुआ था और पूर्णिमा पर बुद्ध जयंती मनाई जाती है। इसी माह में

क्षत्रपति शिवाजी महाराज का जन्मदिन मनाया जाता है। त्रेतायुग का आरंभ, गंगा सप्तमी, क्या नहीं है इस माह में।

क्षत्रिय नट : खूब कथा सुनाई आपने। मुझे तो अभी तक वह दृश्य भुलाए नहीं भूलता, जिसमें श्रीराम और लक्ष्मण के सामने परशुरामजी खड़े हैं।

ब्राह्मण नट : जानते हो, यह दृश्य क्यों नहीं भुलाया जाता? क्योंकि पहली बार परशुरामजी कहीं पराजित हुए थे तो यहीं। लेकिन श्रीराम-लक्ष्मण को देखकर पराजय की इस वेला में भी उनके चेहरे पर विजय का सौंदर्य था। वे आनंद के आवेश से रोमांचित थे। परशुरामजी ने श्रीराम और लक्ष्मणजी की बड़ी अद्‌भुत स्तुति की थी। इस स्तुति से ही ज्ञात होता है कि वे एक केवल आवेषित ऋषि या ब्राह्मण ही नहीं थे, एक सिद्ध और समर्पित भक्त भी थे।

क्षत्रिय नट : सचमुच ऐसा लगता है, वे कहीं नहीं गए, आज भी हमारे बीच हैं। अष्ट चिरंजीवी देवताओं में उनकी भी गिनती होती है। मार्कंडेय, राजा बलि, कृपाचार्य, विभीषण, वेदव्यास, अश्वत्थामा और परशुरामजी तथा हनुमानजी। ये सब अनुभूति की विभूतियाँ हैं।

वैश्य नट : इसीलिए आज भी याद करिए, परशुरामजी महाराज हमारे आसपास होंगे।

शूद्र नट : मैं तो इनकी कथा सुनने के बाद एक ही बात

कहना चाहूँगा कि इनकी छाती में महाकाल, भृकुटि में तांडव का काल, वाणी का गर्जन ऐसा कि पहाड़ टूट जाएँ, नदियों का रुख मुड़ जाए। ये माटी से अमृत निचोड़ सकते हैं, ये कर्तव्य पर उतर आएँ तो धरती-अंबर एक कर दें। इनकी मुट्ठी जब-जब खुलेगी, तूफान बाहर निकलेगा। इनका परशु जब-जब उठेगा, अन्याय समाप्त होगा, सबको न्याय मिलेगा। यह व्यक्तित्व आश्रम से महलों तक युद्ध ही युद्ध से इसलिए ही नहीं गुजरा कि स्वयं राजा बन जाए। इन्होंने सबको उनका अधिकार दिलाया है। हमें आज भी ऐसे ही परशुरामजी की आवश्यकता है।

ब्राह्मण नट : अरे, अरे बस! परशुरामजी कहीं नहीं गए, हमारे साथ हैं। देखो, उस दृश्य को, जहाँ वे कितनी सुंदर स्तुति कर रहे हैं श्रीराम-लक्ष्मण की। वे भी विदा हो रहे हैं और उनके साथ हम भी अनुमति लेंगे।

(दृश्य दिखाया जाता है, परशुरामजी श्रीराम-लक्ष्मण की स्तुति कर रहे हैं और इसी के साथ नाटक समाप्त होगा।)

जय रघुबंस बनज बन भानू। गहन दनुज कुल दहन कृसानू॥
जय सुर बिप्र धेनु हितकारी। जय मद मोह कोह भ्रम हारी॥

(श्रीराचमा/बालकांड 284/1)

—हे रघुकुलरूपी कमल वन के सूर्य! हे राक्षसों के कुलरूपी घने जंगल को जलाने वाले अग्नि। आपकी जय हो। हे देवता, ब्राह्मण और गौ का हित करने वाले, आपकी जय हो। हे मद, मोह, क्रोध और भ्रम के हरने वाले, आपकी जय हो।

बिनय सील करुना गुन सागर। जयति बचन रचना अति नागर॥
सेवक सुखद सुभग सब अंगा। जय सरीर छबि कोटि अनंगा॥

(श्रीराचमा/बालकांड 284/2)

—हे विनय, शील, कृपा आदि गुणों के समुद्र और वचनों की रचना में अत्यंत चतुर, आपकी जय हो। हे सेवकों को सुख देनेवाले, सब अंगों से सुंदर और शरीर में करोड़ों कामदेवों की छवि धारण करने वाले। आपकी जय हो!

करौं काह मुख एक प्रसंसा। जय महेस मन मानस हंसा॥
अनुचित बहुत कहेउं अग्याता। छमहु छमामंदिर दोउ भ्राता॥

(श्रीराचमा/बालकांड 284/3)

—मैं एक मुख से आपकी क्या प्रशंसा करूँ? हे महादेवजी के मन रूपी मानसरोवर के हंस! आपकी जय हो। मैंने अनजाने में आपको बहुत से अनुचित वचन कहे। हे क्षमा के मंदिर दोनों भाई! मुझे क्षमा कीजिए।

(समाप्त)

□□□